U0959974

天津大学公共管理研究系列丛书

公共管理前沿：
理论与实践探索

张再生 等 著

天津大学出版社
TIANJIN UNIVERSITY PRESS

图书在版编目(CIP)数据

公共管理前沿：理论与实践探索／张再生等著. —天津：天津大学出版社，2015.6(2023.1重印)
(天津大学公共管理研究系列丛书)
ISBN 978-7-5618-5357-3

Ⅰ. ①公… Ⅱ. ①张… Ⅲ. ①公共管理 - 研究 Ⅳ. ①D035

中国版本图书馆CIP数据核字(2015)第155766号

出版发行　天津大学出版社
地　　址　天津市卫津路92号天津大学内(邮编:300072)
电　　话　发行部:022-27403647
网　　址　www. tjupress. com. cn
印　　刷　北京盛通商印快线网络科技有限公司
经　　销　全国各地新华书店
开　　本　185mm×260mm
印　　张　9.5
字　　数　237千
版　　次　2015年8月第1版
印　　次　2023年1月第8次
定　　价　30.00元

前　言

公共管理作为一门学科，诞生于20世纪70年代的美国，它经历了从公共行政学到新公共管理的发展历程。公共管理学科的兴起和发展为我们理解和研究公共管理领域事务的特征、运行规律、发展趋势以及优化政府管理提供了系统科学的理论指导和实践依据。值得关注的是，进入新世纪以来，公共管理学科在我国的发展迅疾勃兴、蔚成气象。公共管理学科的快速发展态势不仅因为其所蕴含的丰富的理论资源，同时还和其强大的理论吸纳能力和理论整合能力密不可分。现代经济学理论中的委托代理理论、公共选择理论、交易成本理论，现代管理理论中的战略管理理论、目标管理理论、绩效管理理论，政治学中的参与式民主理论、协商民主理论、治理理论、公共服务理论以及社会学中的社会资本理论均被纳入公共管理的理论研究视域之中。这些理论不仅建构了公共管理综合性的理论视角和研究框架，同时也增强了公共管理学科的实践回应性和应用性。我国公共管理领域的专家学者在系统追踪国外研究成果的同时批判性地消化和吸收了相关的理论精髓，取得了丰硕的研究成果。这些理论结晶不仅为公共管理学科理论发展的本土化奠定了坚实的基础，同时也为我国公共部门的管理实践创新提供了不竭动力。因此，从理论层面梳理公共管理理论的发展脉络，并从实践层面探讨我国公共管理发展的环境变化和现实路径是具有重要的理论和现实意义的。本书从梳理公共管理的理论内容出发，通过理论研究和经验分析来探讨我国公共管理实践层面的困境和出路，从而为正确认识公共管理理论、解决我国公共管理的实践困境提供启示和依据。

本书共分9章，第1章、第2章和第3章在梳理公共管理学科内涵和理论沿革的基础上，分析了当前公共管理实践所面临的现实环境，并以公共管理的核心理论为依据探讨其对我国公共管理实践的启示；第4章从科学范式的角度系统分析了公共管理的研究范式，并针对未来我国公共管理研究范式的发展趋势进行了建设性的探讨；第5章和第6章分别研究了公共政策的评估和公共管理伦理的嬗变；第7章就当前公共管理的热点问题进行了详细解析；第8章在公共管理实践层面探讨了城市基层社会治理的机制与模式；第9章紧贴公共管理实践发展的环境前沿，探讨了新常态下公共管理的困境，并为公共管理部门走出管理困境探索性地提出了现实、有效的路径。

张再生
2015年3月

目　　录

第1章　公共管理学科的内涵及理论沿革

公共管理作为一门学科，诞生于20世纪70年代的美国，它经历了从公共行政学到新公共管理学的演化历程。本章就公共管理的理论内涵和理论发展历程进行详细的论述。

1.1　公共管理的内涵

公共管理（Public Management）是指社会公共组织及社会其他组织为推进社会整体协调发展和增进公共利益对社会公共事务进行调节和控制的过程。在管理主体方面，传统意义上政府更多地成为了公共管理的主体。但在当前治理理念已成为公共管理指导思想的背景下，公共管理的主体更为多元化，除政府外，还包括以社会组织和公民团体为代表的社会力量。在公共管理的对象方面，公共管理的对象是存在于社会之中的各类社会公共事务，内容涵盖了公共资源、公共项目和社会问题等。公共管理的最终目的在于通过提供公共服务与公共物品等形式，满足民生诉求，实现公共利益，维护社会的稳定与发展（高慧军、孙娜，2010）。

1.1.1　公共管理与工商管理的区别

公共管理与工商管理虽属不同类型的管理活动，但都需要遵循科学的管理规律，以实现管理目的。两者从管理的本质规律上说具有共性，即都需要通过制定一定的管理目标作为管理的开端，需要依靠执行一套严谨的管理计划来实现管理行为，需要对管理过程进行实时的监督，并不断发现和纠正管理过程中出现的问题，需要对管理的最终结果或效果进行评估，以提升管理水平。但与此同时，公共管理与工商管理的差别也是明显的和具有本质性的。两者的差别具体表现在以下几个方面。

1. 管理对象不同

公共管理的管理主体是国家、政府和社会组织等具有社会性和公共性的行为体，其管理过程中面临的管理对象也多是涉及这些组织的社会公共事务；而工商管理所关注的是企业的经营和运作行为，管理对象在性质上与公共管理有着明显的本质区别。

2. 管理目标不同

公共管理由于关注社会公共事务，这也就反映出其管理目标为维护社会公共利益，突出公益性和公共性；而工商管理关注企业组织的管理，其目的当然离不开企业的本质属性即追求利润，工商管理是为如何更好、更大地实现企业利润而存在的。

3. 管理性质不同

公共管理由于以社会公共事务作为管理对象，而社会在某种程度上具有整体性，社会公共事务具有公共性，且参与管理的行为体如政府、社会组织等皆有其自身属性，因而公共管理呈现出公共性与垄断性;工商管理由于是存在于市场中的一种行为,针对企业组织,市场的灵活性、企业的多元性让工商管理呈现出一种竞争性。

4. 管理手段不同

公共管理在管理主体上的政府化色彩以及在管理对象上的公共化特征使其管理多依靠法律手段和行政手段,以经济手段作为辅助;而工商管理存在于市场环境之中,因而多依靠经济手段,辅之以行政手段和法律手段。

1.1.2 公共管理与公共行政的区别

公共管理与公共行政具有一些相同的属性,比如均有公共性,都关注公共事务,旨在维护公共利益。两者之间还存在着一定的联系,公共管理是在公共行政的基础之上,结合时代、社会变化需要而发展起来的一种新的公共领域管理模式。尽管如此,但就像不同时代有着本质的标记与区别一样,诞生于不同年代的公共领域管理模式也有着一些明显的区别。与更为传统的公共行政相比,公共管理与其不同主要表现在以下几个方面。

1. 管理主体更加多元

传统的公共行政中,政府是唯一的管理主体,而在公共管理中,大量具有非政府性的社会组织也能够参与到对社会公共事务的管理中来,丰富了公共管理的主体框架。

2. 管理客体更为丰富

由于有了更多元化的管理主体,因而管理的客体也不再仅限于政府管理范围内的社会公共事务,许多之前政府部门没有涉及的公共领域,如公共伦理、绩效评估、项目执行等也被纳入公共管理的客体中,以便对日益多元化的社会公共需求做出反应。

3. 管理目标更有效率和更具针对性

与传统公共行政具有"内部取向性"的管理目标不同,公共管理更加追求对专门化的项目以及结果和绩效的管理,对管理效果更为重视,体现出更强的"外部取向性"和针对性,而不像传统的公共行政那样过多关注于管理的过程,这一变化也迎合了社会公共需求特点的变化。

4. 管理手段更加实用化

由于公共管理更加注重结果,具有结果导向性,因而其管理手段也更加追求如何将思想和政策贯彻到行动当中,讲求对具有实用性的知识、技巧、方法和技术的研究,关注点不再拘泥于传统公共行政中计划、组织、指导、报告等基本方法和技能。

5. 管理思想更为开放灵活

传统的公共行政往往注重行政本身,关注规范化的行政过程和科学化的政策制定,而公共管理的结果导向和效率至上使得公共管理拥有了相对明显的市场属性,而开放的行为主体体系也使得更多包括市场在内的不同领域的方法和思想可以被吸收到公共管理中来,使得公共管理的思想更具有开放性和灵活性。

1.2 公共管理的理论沿革

公共管理学作为一个相对独立的研究领域或学科,其理论演进的历史分期,根据时间的发展及研究方法的不同可分为以下几个阶段，古典管理理论时期、行为科学兴起后时期、公共管理多元化时期、公共管理价值取向改变后时期以及公共管理思路创新时期，在这个过程中涌现出各种各样的学术流派。

1.2.1　古典管理理论时期

古典管理理论将政治与行政分开，提出了政治行政二分法。该理论的代表人物有威尔逊和古德诺。威尔逊否定了关于国家权力的三权分立的观点，认为议会和行政部门是国家权力的掌控者，一个良好的政府应该由优秀的政务官团队和文官团队共同组成，这是构成政府的支柱。古德诺的观点认为，行政与政治是有明显区分的，政治问题不应该成为行政学的关注点，政府的行政效率、方法和技术才是行政学应该研究的对象（余敏江，2005）。由此，公共行政真正成为一门独立学科为人们所研究。在此之后的一段时间，出现了科学管理学派、行政管理学派和官僚制度学派等，推动着公共行政学的发展。

1. 科学管理学派

科学管理学派出现在工业革命大发展时期，其主要关注如何在公共行政领域找到一系列行之有效的方法和技术来提升行政效率。这一学派的代表人物包括弗雷德里克·温斯洛·泰勒、弗兰克·邦克·吉尔布雷斯和莉莲·吉尔布雷斯等人。泰勒于 1911 年在《科学管理原则》中指出“科学管理原则普遍适用于各种人类活动”，提出了以共同利益为基础的科学管理原则，被誉为“科学管理之父”。吉尔布雷斯夫妇提出了效率管理思想，其核心是对人的研究，强调人在组织发展中的关键作用；他们还对特定生产任务的合理时间和具有最高效率的动作标准进行了研究；莉莲在对管理进行研究过程中还发现人的心理对其工作产生的重要影响，强调将人际关系纳入管理因素之中。这一学派的重要观点对公共行政学的影响不可忽视，其提出的科学管理原则具有普适性，对公共行政发展提供了重要借鉴；其提倡的技术化和专业化可以提高管理效率，这在行政管理中也有相当的应用空间；该学派注重效率的提升也使得公共行政的发展必须将效率问题始终作为核心问题之一加以关注。

2. 行政管理学派

行政管理学派关注于将科学管理的原则和方法应用于实践之中，以较高的管理层级作为研究视角，力求建立一套具有普适性的管理准则。该学派的代表人物包括亨利·法约尔、卢瑟·哈尔西·古立克、林德尔·福恩斯·厄威克等人。法约尔认为管理应当形成一套理论供人们遵循和学习，因为管理行为本身非常重要，而且管理也是可以教授的。基于此，他提出了 14 项一般管理原则和管理的五大职能，并认为从管理职能的角度上说，行政管理同企业管理一样，都应当具备这五大职能，才能保证管理的有效性。古立克认为政府与企业有明显的不同，“适者生存”在政府行政管理中并不存在，因而政府具有垄断性；行政和政治不可能完全分开；明确了组织分工与协调在行政管理中的重要性；提出了具有普适性的七项管理职能。厄威克提出了具有普适性的八条组织原则，以科学调查为基础进行组织设计，对已有管理理论进行了整合。该学派在吸取前人研究成果的基础上提出了普适性的管理原则和理论，并开始将公共行政作为一个明确的研究方向，增强了理论研究的实践性和应用性（孙勇、孙华斌，2011）。

3. 官僚制度学派

官僚制度学派从组织结构的角度研究管理问题，提出了以官僚模型为代表的组织理论，以求为行政管理提供可以遵循的科学规律和准则。该学派的代表人物包括马克斯·韦伯、路德维希·冯·米塞斯、罗伯特·金·默顿等人。韦伯系统地构建了官僚制度模型，被称为“组织理论之父”。该模型以“理性—合法型”权威为建立基础，以专业化、层级化、规则化、非人格化、技术化和明确的方向为特征，包含七大要素，以此来保证组织行政的稳定、有效、可靠和准确。米塞斯对官僚制度模型的理解更为理性和辩证，他认为该模型与民主精神并不相违背，是一种适用于各种类型组织的工具。但对其也不应抱有过多期望，官僚制度模型的应用范围一旦过大，则会产生负面结果。默顿也认为官僚制度可以提升效率，但也具有明显的反功能。该学派的观点具有辩证性，不同学者对于官僚制度的认知有着不同的理解，但从总体上看，官僚制度模型仍是这一学派的主体观点。该观点对于公共行政实践产生了深远的影响，有助于提升公共行政效率，但其使用的局限性也是很明显的，比如针对不具有正式组织结构的组织管理，这一模型就很难适用；而且这一模型对个体需求的回应性不强，在实践中也会影响其效果（余敏江，2004；邹娜，2006；赵锦辉，2008）。

1.2.2 行为科学兴起后时期

1929—1933年资本主义出现了有史以来最为严重的经济危机，传统的公共行政学派理论受到强烈冲击，动摇了人们对自由市场经济的信心，凯恩斯主义开始被人们认识，行为科学产生。行为科学兴起之后到公共管理多元化之前，产生了以下三个学派，即行为科学学派、社会系统学派和理性决策理论学派。

1. 行为科学学派

该学派关注于人的行为及其产生原因，是在人际关系学说的基础上发展起来的。主要的代表人物有亚伯拉罕·马斯洛、弗雷德里克·赫茨伯格和道格拉斯·麦格雷戈。他们共同关注于人的行为产生的动因，从心理学和社会学的角度审视个人和组织的需求、行为以及管理方式。人在管理中的地位得到了凸显，他们不仅仅是“经济人”，同时也是参与社会生活、产生社会需求、寻求社会回报、具有能动性的“社会人”，人的因素成为了管理中最为重要的因素（戴杨、蓝锐彬，2003）。因此，该学派所坚持和主张的管理观点也与之前的学派有着明显的不同，这主要体现在两个方面：一是管理方法上更为强调人性化，充分尊重人的因素，注重人的需求、情感和行为的内在动因，而不再像传统的管理理论中所坚持的那样只是将人看作简单的机器，通过施加外在压力而忽视人的关系、情感、能动性和创造力，将压力作为人行为的唯一动力（刘继云、孙绍荣，2005）；二是管理对象上人的地位得到了显著提升，过去的管理理论由于较少将人作为主要的因素来考虑，因而会较多地关注于对事务的管理，以此为基础，更多标准化、规范化、工具化的思想就会体现在管理行为当中，在这一过程中人的能动性被严重忽视，管理行为不利于激发和利用人的积极性，而在该学派的观点中，人的行为及其内在动因由于人这一因素地位的上升而成为管理的主要关注点，这就为通过管理来激发人的能动性和创造力提供了外在条件和可能。

2. 社会系统学派

社会系统学派从社会学的角度研究管理，将个人与组织联系起来，通过强调组织中人际关系的作用以及个人与组织多层面、立体式的协调关系来建立有效的组织运转体系。该学派的代表人物是切斯特·巴纳德。他从组织理论的视角阐述对管理的看法，认为组织变革对社会发展具有十分重要的意义。与此同时，组织的运作不仅需要正式组织的存在，还需要非正式组织的存在，两者在实践中只有相辅相成才能够保证组织的正常运转。管理既然必须兼顾人际关系和个人与组织的关系，那么这一过程中的效率和效能至关重要。巴纳德通过提出这两个概念，成功地把个人动机与组织效果联系在一起，认为只有个人对组织目标的认同度越大，同时在实现目标过程中获得的满足感越强，才越有助于好的组织绩效的出现。在其所倡导的组织协作系统中，要想成功地将组织与个人联系起来，形成有机统一的整体，权威这一要素成为了必需，巴纳德通过提出权威接受理论，阐述了如何形成有效的权威来引导组织作为一个整体运转。此外，与其他学派显著不同的是，巴纳德还从组织要素的视角提出了管理的职能，有别于传统意义上通过对管理过程的分析提出管理职能的做法。

3. 理性决策理论学派

该学派以社会系统理论作为基础，以组织决策作为研究的中心，将管理内容划分为决策制定和决策执行两大部分，并以决策制定作为关注重点进行研究。该学派的代表人物是赫伯特·西蒙。在他看来，在组织管理中，决策的出现有一个最为核心的基础叫作“有限理性”，他以“行政人”作为研究的基本假设，即人们在做行政决策时不同于“经济人”追求最优选择，而是力求做出“满意”而不一定是最优的选择。围绕组织决策是管理核心的立场和出发点，西蒙将决策任务分为三个方面，即寻求备选策略，将这些策略可能产生的结果进行估计，对不同策略估计出的结果进行比较。在此基础上，将决策划分为情报、设计、选择和评审四个阶段进行最终策略的制定。西蒙也从决策的角度进行组织设计，围绕组织如何影响决策这一问题，提出了五个组织发挥影响力的渠道与机制，在提出组织均衡的概念基础上，他认为组织设计应遵循可以处理决策分解问题和为更好地完成决策而服务这两大要求。该学派将管理过程作为研究和分析的对象，对管理学的发展是一种丰富，但其缺点也相对较为明显：一是关注面相对较小，只关注于管理决策的制定并不能解决管理中存在的所有问题，因为管理是一项综合性的复杂行为，而不仅仅是管理决策的制定；二是这里的决策概念较为模糊，并没有将组织决策与个人决策做出区分。在实践中，个人决策是实实在在存在的，但是这些决策并不与管理，或者说并不直接与管理相联系，而对这些决策的研究显然与管理并没有太大关系。

1.2.3　公共管理多元化时期

孔茨在其 1961 年发表的《管理学会杂志》中提出的管理理论丛林理论认为，管理理论呈现出一种杂乱无章的状态，在价值追求和价值标准方面整体上并没有相对清晰的方向。这种混乱状态给管理领域的学术研究和实务操作带来了负面影响，不利于研究的展开和管理工作实践的进行。自此，人们开始寻求一个新的基点，将已存在的管理理论加以整合以求明确管理价值标准和方向，在这样的背景下，系统管理学派和行政生态学派应运而生。

1. 系统管理学派

该学派发展于一般系统论的基础之上,一般系统理论在 1968 年 L. V. 贝塔朗菲的《一般系统理论——基础、发展和应用》一书中得到了较为全面和清晰的阐释。该理论认为由若干要素有机地组成了具有特定功能的系统,这些要素相互联系、相互作用、相互影响。系统在建立之后并不是一个封闭的整体,其通过不断与外界进行物质和能量的交换而维持一种稳定的状态。西方学者在工商管理领域对这一理论加以运用,因而形成了系统管理学派。该学派的主要观点是从系统的角度分析出构成系统的各种要素,并以这些要素作为管理的关注点,进而实现对整个组织的管理。该学派的代表人物有 L. V. 贝塔朗菲、塔尔科特·帕森斯、弗莱蒙特·卡斯特和詹姆斯·罗森茨韦克等人。贝塔朗菲对系统的含义及其特征进行了明晰的阐述,帕森斯将社会行动看成是一个系统,并将其分解为多个子系统,在此基础上提出了"结构—功能理论"并应用到社会管理之中。卡斯特和罗森茨韦克更为明确地将系统论运用到管理实践中,提出了组织的系统分析模型。在该模型中,他们认为企业就是一个由各种要素构成的有机系统,管理企业可以视作对这个有机系统的管理,这些要素都会对企业的发展产生不可忽视的影响。其中,人这一要素具有能动性,占据主要位置,其他要素则都具有被动性。企业自身既是一个系统,也是一个子系统。从企业的角度来看,它是一个由多个子系统构成的系统。这些子系统包括目标和准则子系统、技术子系统、社会心理子系统、组织结构子系统和外界因素子系统等,而这些子系统还可以进一步细分,这其中任何一个子系统的变化都会对企业这个大系统产生影响;从社会的角度来说,企业又是社会的子系统,它与社会之间存在着相互影响。他们认为,将管理对象整合为一个有机系统并从系统的角度对管理对象进行管理有利于提升管理效率,具有更强的目标导向性,不会让管理者在大大小小的管理事务中迷失组织的整体方向,也有利于管理者明确自身定位。

该学派给管理理论的发展提供了一种新的思路和角度,将管理对象视为一个有机系统,强调管理的整体性,在明确组织目标、提升管理效率方面具有明显的优势;与此同时,他们所倡导的系统开放性以及对子系统的划分和强调系统要素之间的关联性也对管理实践的有效开展具有重要意义;但该学派试图用一般的系统论观点来解决管理中所面临的所有问题,显然对管理行为的复杂性还缺乏准确的判断,这种寻求普适性做法来解决复杂性问题的尝试也有可能会使该学派的研究成果在实践中难以奏效。

2. 行政生态学派

行政生态学派在某种程度上是对系统管理学派的延伸和应用。该学派将行政看作是一个系统,研究其与外部环境之间的相互关系与相互作用,在这一过程中,该学派借鉴了生态学中研究生命个体与其生存环境之间相互作用与相互关系的方法,运用模拟来研究行政生态系统。该学派的代表人物包括约翰·高斯、里格斯等人。他们关注于政府与其生存的社会环境之间的相互关系与相互作用,研究各个国家和地区的社会文化和历史对当地行政系统产生的影响以及当地政府管理如何通过引导和管理社会发展来实现对社会的反作用。在这一过程中,他们认为在生态学中,任何有生命的个体都不能离开其生活环境,也不能不与其生存环境进行物质交流而完全孤立地生存,这一规律对于行政生态系统依然适用。高斯以政府与社会关系的角度作为着力点,提出了政府生态学的七条公理。里格斯则关注于提炼出行政生态环境中的相关要素，并研究这些要素与行政主体之间的相互关系。在分析行政经济环境的基础上，他提出了三种行政模式。与此同时，里格斯以一般系统理论为基础发展了比较行政学，它可以说是行政生态学发展的一个必然方向，强调行政管理必须存在于特定的文化和历史环境之中，因而普适性的行政原则并不存在。

行政生态学派在推动行政管理发展中最突出的特点和贡献在于在行政管理领域引入了生态学的思维和研究方法，更加注重管理的整体性，摆脱了以往管理理论过多关注于管理的抽象原则、细节技术和微观视野的局限性，从更加宏观的角度探讨管理的重要性和方法。

1.2.4　公共管理价值取向改变后时期

20 世纪 60 年代末 70 年代初，西方社会中出现了一系列问题，在政治、经济和社会生活等领域爆发了危机，政府的社会管理面临着严峻的挑战。危机催生变革，在混乱而不稳定的社会环境下，政府改革的声音开始出现，而行政学界对于这一问题的回应比较积极，他们开始摆脱传统公共行政理论的思维束缚，不断检视和挑战传统公共行政理论的各种观点，力求找到全新的视角和追求更为理性科学的价值标尺来推动和革新公共行政实践，探究公共行政当时以及未来的发展。在这一过程中，新的公共行政学派形成了（周义程、孙学玉，2005；王霄慨，2009；杨平，2009）。

1. 新公共行政学派

新公共行政学派认为 20 世纪 60 年代末 70 年代初以前形成的公共行政理论属于传统的公共行政理论，而新公共行政理论以现象学、解释学、本土方法论、符号互动论以及批判理论等为工具，以“公共”的概念作为研究重点，产生于 20 世纪 60 年代末 70 年代初（邓伟志、钱海梅，2005）。该学派与传统的公共行政学派的一个显著的不同点在于该学派将特定的价值观融入行政管理之中，或者说他们认为行政管理不应当是价值中立的，公共行政的公共属性需要其将正义、自由、民主等价值理念贯彻到公共行政的实践之中，使公共行政摆脱刻板抽象的科学实证主义属性而回归其本应具有的人文价值属性。与此同时，由于该学派诞生于西方社会公共行政问题严峻、政府变革的背景之中，因而其问题导向性的属性较为明显，其研究焦点往往集中在现实问题之上，谋求通过行政改革来建立更为灵活创新而具有实用价值的行政体制和政府组织形态。该学派的代表人物包括德怀特 · B. 沃尔多、乔治 · 弗雷特里克森等人（邓伟志、钱海梅，2005）。他们对传统的“政治—行政”二分法和以追求效率为核心价值的传统公共行政理论进行了批判，认为公共管理应当因地制宜，随着环境的变化而有不断做出调整的能力，在秉持公平价值观的前提下，要用开放性的思维强化组织形态的创新，以服务对象为中心展开管理。该学派对于推动公共行政管理迈向新的阶段做出了显著贡献。他们以更具人文精神的公平、民主等价值观取代了传统理论中效率至上的公共行政，使其本质属性得到彰显。与此同时，由于其对原有的公共行政理论研究基础进行了全面的革新，该学派为未来公共管理开辟了更为广阔的研究空间和更符合公共管理本质的研究思路和研究方法。但也应看到，由于其与传统公共行政理论处于相对割裂的状态之中，是对原有理论全盘性的革新，因而其发展的连贯性不强，没有支撑起发展的牢固根基，因而虽然迎合了公共行政先进的发展趋势，但还没有取代传统公共行政理论的主导地位（陈振明，

1999)。

2. 黑堡学派

黑堡学派产生于20世纪80年代,当时美国社会政党相继给既有的行政体制带来了很大的冲击,非理性的反政府、反权威、反官僚的社会氛围已经对公共行政的发展带来了严重威胁。在这样的背景下,黑堡学派在坚持公共行政的正当地位这一立场的前提下,提出了政府再造的观点,并且认为这一再造过程需要行政人员和官僚体系集体上的价值、态度、认知等的转变和共同努力才能实现。该学派的代表人物是加里·万斯莱。以他为代表的一批学者于公共行政相关的诸多方面提出了自己的观点。他们对公共行政的特质提出了自己的看法,认为公共行政是一种制度,官僚体制只是其中的一种并非唯一的形式,由于公共行政在社会中是唯一可以以社会之名通过强制力实现资源分配和奖惩赏罚的制度。此外,它的存在与人员个体之间的关系是相互的,制度可以约束人,人也可以通过对话来影响制度,制度并非不可变化的。同时它对资本主义社会中公共性的缺失也是一种有效的补充和保障。公共行政可以维护公共利益,这种公共利益也不是一成不变的,可以通过对话不断做出调整,因此公共利益具有暂时性。该学派还对与行政相关的重要概念与公共行政的关系做了说明。他们认为政治和行政在不同层次上具有不同的区分度,层次越高,区分度越不明显;公共行政是宪法的守护者,能够充分体现宪法的精神和意志。他们还提出了公务人员应承担的五项角色,以体现公务人员存在的正当性和必要性。黑堡学派在很大程度上与新公共行政学派具有相同的观点,但其对社会制度层面的关注和对公共利益的强调体现出其鲜明特点。

1.2.5 公共管理思路创新时期

公共行政学的发展历来具有"采众家之长"的特点,借助其他学科的思维和方法来发展公共行政使得公共行政学科的发展更具有多样性。自20世纪70年代以来,经济学、政策分析、工商管理等相近学科与公共行政学的碰撞总可以为公共行政学带来创新性的理论、思路和方法,也奠定了公共行政学不断向前发展的理论基础。也正是在这样的背景下,公共选择学派、新公共管理学派、新公共服务学派、治理学派等对现今公共管理影响颇深的学派不断涌现,丰富了公共行政理论研究的内容和方法,也逐渐使其进入到一个倡导公共行政"百花齐放、百家争鸣"的公共管理新时代。

1. 公共选择学派

公共选择学派最显著的特征在于用经济学的思维和原理解决公共行政问题。该学派由于是由经济学家所创立的,因而其观点的每个角落都可以看到经济学的影子。该学派的代表人物有詹姆斯·布坎南和文森特·奥斯特罗姆、埃莉诺·奥斯特罗姆夫妇等人。该学派在提供经济学的研究方法的同时,在公共产品的供给效率、官僚主义的克服以及民主政府方面提出了自己的观点。在研究方法方面,他们以个人作为行政行为的主体,并且进行了"经济人"假设,提出个人行政也是从自利的角度出发,通过对个人行为进行解释来说明组织和集体行为的产生;将政治活动视同为交易过程,即通过利益各方不断沟通、交换与协调,最终实现互利的政治过程。在公共产品供给方面,他们认为公共物品具有非排他性和非竞争性,因而不能运用市场原理来进行公共产品的供给，为了科学地衡量供求关系以尽量削弱“搭便车”效应，只能通过集体支付的形式来表示公共物品的需求，在这一过程中，投票将是实现集体共同行为的必要手段（付海萍，2005）。在面对官僚主义问题时，该学派在分析了政府扩张五大原因的基础上，提出了在承认官僚个人利益存在的前提下协调其与公共利益的关系，在满足个人利益的同时也能够最大限度地实现社会公共利益。在行政过程中引入竞争机制，运用市场原理实现对个人的激励以及公共物品的供给。该学派在民主政府问题上提出了三种不同性质的政府模式，其中民主政府模式被认为是一种最优模式，通过代议制民主的具体形式实现公共选择对政府行为的约束，以使其符合公共利益。

该学派对公共行政发展的贡献在于第一次提出了公众参与行政的理念，政府不再是唯一的行政者；通过分权与层级节制实现利益制衡以确保公共利益的实现；以经济原理衡量公共行政，并对政府的扩张目的进行严格把关。

2. 新公共管理学派

随着西方社会的不断发展，又出现了一些新的公共问题使得政府面临着严峻的挑战。这一问题被经济学归纳为一个概念——“滞胀”，即低经济增长、高通胀、高失业率、高财政赤字（鄱爱红、胡林英，2004）。在这样的环境中，政府通过行政手段干预和市场机制的自我运转以达到最终目的的方式已经完全不能应用到这种局面之中，“政府失灵”被广泛提及，新公共管理学派在这样的背景下出现了。相比于公共选择学派，新公共管理学派同样也将经济学的观点和精神、思维引入公共行政之中（唐永亮，2007）。这一学派的代表人物包括克里斯托弗·胡德、戴维·奥斯本和麦克尔·巴泽雷等人。他们以“经济人”为假设，以公共选择理论、委托代理理论、交易成本理论和企业管理理论等为理论基础，强调公共管理过程中的分权、效率、去官僚化与市场化，倡导以管理私人部门的方式实现对公共部门的管理。该学派提出了小政府理论、政府再造理论和重塑政府理论等观点。其中，小政府理论呼吁政府应当果断抛弃那些市场可以承担的任务，只在市场无法发挥作用或者做不好的领域内活动，保持政府的能力与竞争力。奥斯本在其提出的政府再造理论中强调政府应当具有企业家精神，并提出了建立现代政府的十大原则和五大战略，指导政府的行为（顾建光，2005）。他们提出了依靠绩效评估改进政府的管理效果，这一绩效评估的重点在于吸收公民参与，体现出以顾客为中心的政府管理理念。这一理念在其提出的基于回应性的政府全面质量管理理论中也有体现，该理论主张将公民看作顾客，在政府内部建立一套以顾客为中心，以改进、授权与协作为要点的全面质量管理体系，以避免政府内部固有问题带来的对民众的回应障碍，使得政府的回应能力更强，为公民服务的导向更为鲜明。

该学派特点鲜明，从经济学的视角研究公共管理问题，定性分析与定量分析兼顾，以经济学理论和私人部门管理为支点，构建出一套新的公共管理理论框架。相比于传统的公共行政理论而言，该学派的观点回应性更强，对公民需求的关注程度更深，在很大程度上满足了社会发展对于公共行政的要求，也迎合了公共管理的发展趋势。

3. 新公共服务学派

新公共服务理论与新公共管理理论一样，突出一个“新”字，即与传统的公共行政理论相比，新公共服务理论同样打破了传统理论的束缚，抛弃了机械抽象的科学实证主义属性，更多地从人文精神出发,探求公共管理的真谛。该学派的代表人物包括保罗·C.赖特和罗伯特·登哈特、珍妮特·登哈特夫妇等人。与新公共管理理论不同的是,新公共服务理论更为关注人的价值,倡导建立更有人文精神的政府。该学派对居于新公共管理理论核心地位的企业家政府思想进行了批判,认为公共管理与企业管理有着本质区别,不能简单拿来做类比和借鉴。该学派以民主公民权理论、社区与公民社会理论、组织人文主义理论和后现代对话理论作为理论基础,提出了区别于新公共管理的鲜明主张(顾丽梅,2005)。他们认为,政府的职责不应当是凡事都亲力亲为,也不应当是只把握方向的“掌舵者”,而是为公民服务的“服务者”;公共利益应当是政府公共管理的价值方向,公民不同于顾客,公民普遍有权享受公共产品和服务,而顾客却只有在支付得起的情况下才可以享受,而且将公民视为顾客也不利于社会公平的实现;公共资源是全体公民所有的,而非政府所有的,因此政府的企业家精神不能与公共资源的属性相匹配,资源的利用应当合理,而不能如企业家那样自由支配;效率不应成为唯一的追求目标,因而政策的制定和执行过程应当是全社会共同努力的结果,政府的责任也应当是多元化的。

与传统的公共行政理论和新公共管理理论相比,新公共服务理论可谓走出了公共行政理论发展的“第三条路”,相比而言,新公共行政理论批判地吸收了新公共管理的部分理念,但其更强调对人的重视和对公共利益的追求。与此同时,公民参与的地位有了空前的提升,在该学派的观点中,公民与政府在行政管理活动中有着平等的地位。当然,这一学派的观点也并不尽善尽美,其倡导的观点中包含的社区美德属性假设并没有找到事实支撑。

4. 治理学派

治理学派所倡导的治理理论诞生于20世纪90年代,随着社会的不断发展和人民生活水平的不断提升,社会对于公共管理需求的多元化趋势日益明显。如果说政府和市场双重失灵是促使新的公共管理理论出现的重要动因的话,那么在20世纪末至21世纪以来治理理论在世界范围内的普遍应用则是社会需求多元化使得双重失灵区域扩大带来的直接结果。该学派的代表人物有治理理论创始人詹姆斯·N.罗西瑙、罗德·罗兹和盖伊·彼得斯等人。治理理论的核心要素有以下几点。

(1)治理主体的多元化,即公共管理的主体不再只是政府,管理的手段也不再只是二元的“行政—市场”方式,以社会组织为代表的第三部门力量的壮大丰富了社会管理的主体结构。

(2)政府角色更明显地呈现出“有所为有所不为”的特点,包括市场在内的社会力量在部分领域完全可以承担公共产品与服务的供给。

(3)治理主体之间的关系趋于平等,通过相互依赖、相互协调和相互配合形成的治理网络取代单一政府成为管理社会的系统。

(4)管理对象的范围扩大,更为多元化的社会需求导致了治理主体的多元化发展,而这一多元化发展必然带来功能更为多样的治理网络,通过扩大服务范围,以有效回应多元社会需求。

(5)注重效率与公共性。多元治理网络的存在一方面可以保证社会需求能够得到最大限度的回应,体现效率,另一方面由于多元主体间是平等关系,社会各个群体的声音在治理过程中就会得到有效获取，从而通过协商、监督与制衡以保证治理的公平，最大限度维护公共利益。

(6)治理语境下的公共管理具有自发性和自主性，多元主体根据社会实际需求统一目标、协调配合、共同行动，以解决面临的各种公共问题。

治理理论中需要关注两个问题。一是由于管理主体多元化和主体间职能的再分配导致管理边界存在着模糊性。二是由于治理主体间存在着平等合作而又相互独立的关系，存在一套符合当地社会文化和历史发展的关系维持与控制机制和行动的正式制度程序，将对于治理的成效高低具有至关重要的影响(张再生、牛晓东，2015)。

治理理论中对效率的关注和对人的重视体现出其与新公共管理理论相似的一面，与此同时，治理理论摆脱了新公共管理理论将管理主体局限于政府的传统束缚，倡导更为广泛、多元和正式的共同参与，在治理主体结构上完成了突破；新公共管理以经济学作为发展的路径，而治理则以公民参与、构建共同网络作为发展路径，更符合公共管理的公共属性。

纵观公共管理理论的发展历程，可以看出其每一步发展都是以原有的公共行政理论指导下的实践不再适应社会发展需求作为引导，而新的公共管理理论和学派也是本着解决这些公共管理问题而出现和发展的。历史的发展证明，公共管理理论是一个开放、多元而兼容并蓄的体系，将会随着时代的变化、社会的变迁、文明的进步而不断演变，与此同时，新生的公共管理理论也会引导着公共管理下的社会在历史的轨道上不断向前。

第2章　公共管理环境的变化

公共管理作为独立的中心事务，其变革必然受到外部环境影响。这个“环境”从系统论角度考察，可以理解为与“公共管理”有关的周围事务。在这里，我们将处于特定公共管理系统边界之外，能够对该系统的存在、运行与发展产生直接或间接影响的系统外部因素的总和，称为公共管理的环境。外部环境条件的改变必然会要求公共管理的模式变革以适合该种变化。历经三十多年的改革开放，我国正处于快速社会转型时期，随着人们思想观念改变、虚拟社会形成、社会阶层分化、经济社会发展条件复杂化，社会构造、经济布局、利益格局正发生着巨大的变化。现代公共管理理论认为，政府公共管理模式直接决定着一个国家和地区经济发展模式。因应外部环境变化，遵循新的理念和原则，积极进行政府公共管理模式变革，对我国顺利跨越“中等收入陷阱”社会发展阶段具有重要的意义。从研究我国公共管理环境变化及提出的挑战入手，探讨可能的变革对策，期望能对外部环境变化条件下的我国政府公共管理模式变革路径选择提供相对充分的理论逻辑分析。

2.1　我国公共管理环境变化及其原因

2.1.1　我国公共管理环境变化表现形式

所谓的“环境”，主要包含两方面的含义：一方面指的是地理环境层面的意义，专指周围的地方；另一方面指的是某一主体周围的情况、影响或势力，如社会环境、经济环境、人文环境等。我们要研究的公共管理外部环境主要是指后者。任何一种变化必然有可以观察的表现形式，我国目前公共管理外部环境的变化主要表现为社会结构变动、经济体制变革和利益格局调整等方面。

1. 社会结构变动

按照社会学的研究，现代社会结构（Social Structure）要达到理想状态应当具备的重要特点是公正、合理和开放等，当然其内部的各个分模块之间也应该是有条不紊、和谐发展的。我国社会的急剧转型，必然会引起整个社会结构系统的快速变动，并表现出一些不平衡和不协调等特点。从所有制结构来看，以公有制为主体、多种所有制经济共同发展的现状已经基本确立，但是公有制主体与其他经济成分主体之间的综合实力、市场竞争力之间还存在着不小的差距；从空间布局来看，我国东部、中部与西部之间的差距不仅没有缩小，甚至还有逐步被拉大的趋势；从我国传统的城乡二元结构来看，该体系下户籍管理制度的不完善，导致了大量的外来务工人员和流动人口的广泛存在，他们无法与城市居民以同等条件公平地享受包括教育、医疗、养老等在内的最基本的公共服务；从社会阶层来看，随着新经济组织、新社会组织不断出现而涌现出来的新的社会阶层，使得整个社会利益关系变得越来越错综复杂；

从社会组织形态来看,越来越多的“单位人”变成了“社会人”,但社会组织体系发展不成熟,公共管理出现真空,一定程度上将对社会秩序造成影响。

2. 经济体制变革

理论上,经济体制(Economic System)指的是一个国家或者一定区域内制定并执行经济发展的各种机制的总称,主要表现为组织国民经济生产、流通和分配的各种具体方式,一般情况下包括国民经济的总体管理制度和运行方式。我国经济体制改革历经三十多年的演化,历经农村土地产权制度和生产制度等变革后,已经基本建立社会主义市场经济体制,但整体的经济体制仍需要进行重要的制度变迁。当前我国正处于各种矛盾集中暴露、经济结构剧烈变化的发展阶段,随着我国全面改革的逐步深入,改革的社会基础也在不断发生分化,改革初期各方面普遍受益的格局也逐渐转变为部分受损、部分受益的错综复杂的局面,不言而喻,既得利益受到损害或受到制约的一方将会以各种可行的方式阻碍改革不断前进的步伐。未来我国经济体制变革需要不断消除计划经济势力的惯性影响,不断克服制约生产力发展的诸多体制性、机制性障碍。

3. 利益格局调整

价值观念的多元化、利益诉求的多样化、人际关系的复杂化趋势明显不同是当前这一阶段我国社会表现出来的典型特征。不同的社会阶层与利益群体在新的发展形势下表现出价值观念、利益诉求、利益表达和维护方式分为以下三个层面。

1)社会阶层的不平等

反映我国收入分配公平程度的基尼系数几年前就已经超过了国际公认的临界点(0.4),我国已成为“居民收入很不平等的国家”之一。这些不公平和不平等是我国经济社会发展的不和谐因素,需要在发展中通过持续的政府公共管理制度创新不断进行消解,才能使整体的社会经济发展惠及全体国民,达到社会和谐发展,经济可持续增长。

2)区域不平等

中国不发达地区资源比较富集,而这些富集的资源逐渐被东部发达地区所耗用,却没有给予不发达地区一定的弥补,导致中东部发达地区与西部不发达地区的发展差距没有缩小反而增大。

3)城乡之间的不公平

为现代化付出了巨大价值的中国农民,却逐步游离在现代化成果之外,社会认同感被削弱(王自力,2006)。

2.1.2　我国公共管理环境变化原因

逻辑学理论研究提醒我们,在对事物进行观察和分析时,要时刻注意其逻辑的链条是无限延长的。如果把公共管理外部环境变化当作结果,那么引起这种变化的原因在逻辑意义上可能是无限的。对于我国目前的发展阶段而言,公共管理外部环境变化的原因可能主要表现在以下几个方面。

1. 信息化急速发展导致虚拟社会形成

信息技术的快速发展对公共管理产生了巨大的影响,信息技术的迅速普及,导致人们的思想观念出现了多样、多变的特征。与人们思想观念变化相适应,公众对政府的期望值、要求程度越来越高,上述的期望和要求都对传统管理手段与能力提出了极大的挑战。全球不同区域、不同国家在应对层出不穷的新的社会问题和挑战时,由于面对财政、体制机制、人员能力、管理手段等方方面面的诸多困难,政府管理人员在应对纷繁复杂的社会现象和错综复杂的矛盾时,会缺少认知和驾驭能力、存在决策错误等,政府难有较大作为,导致公众的不满情绪被激化,甚至酿成社会动荡和骚乱。在这种思想观念和政府管理诉求深刻变化的背景下,伴随当今社会互联网技术迅速发展,互联网成为人们对公共事务和公共人物进行讨论、辩论、评论的主阵地,一些民意或网络舆论对社会政治生活产生重要影响,与实体社会相对应的虚拟社会正在迅速形成。互联网本身的虚拟性、复杂性特点叠加于虚拟社会之上,与现实社会相互影响、相互作用,成为政府公共管理外部环境变化的重要原因(鄞益奋,2007)。

2. 经济全球化背景下社会发展风险加大

当前,经济全球一体化的进程不断加剧,纷繁复杂且突如其来的各种风险困扰着全世界人民,由这些未知的、不确定的风险所引发的恐惧感和不信任感也迅速扩散,进而引发社会的动荡不安,进一步加剧社会风险,往往超出了一国政府的应对能力(青连斌,2011)。例如甲流疫情、金融危机、日本地震与核危机等,无不给全球经济社会造成巨大影响,人类在面对这些自然灾害或社会突发极端事件时,都显得十分脆弱,需要依靠政府的公共管理在危机时刻提振信心。从经济发展角度观察,国际方面,欧元区经济衰退、债务交织,美国经济低速复苏基本面变数仍大,日本经济结构性矛盾难有缓和,一些区域性矛盾和冲突复杂化、敏感程度高;国内方面,同样需要面对经济增长方式粗放、增长动力不足、产能过剩问题突出、财政金融风险集聚局面以及一些因管理不到位造成的群体性事件、不当土地征用和房屋拆迁等造成的社会事件频发等不和谐因素。上述国际国内经济社会风险因素的存在和演化必然会引起我国政府公共管理外部环境和公共管理本身的不断演化和变革。

3. 社会阶层分化

社会阶层(Class)来源于拉丁语 Classic(部分),古罗马将人分为六个阶层。1925 年,毛泽东在分析中国各阶级的时候把我国当时的社会阶层分为三大类、六阶级、若干个不同的阶层;2001 年,中国社会科学院通过对当代中国社会沿袭的历史进行研究后指出,如今我国社会阶层可以被认定为五大社会经济等级、十大阶层。目前,全球一体化与多元化矛盾非常突出,包括民族、宗教、文化习俗等在内的诸多因素社会认同感的形成都会产生非常重要的影响,从某种程度上说加剧了社会矛盾的尖锐化以及社会利益分化的不和谐现象。对于正处于社会主义初级阶段的我国而言,贫富分化现象日趋严重,强势利益集团以及极端个人主义目前正以非正常的手段主张和掠取权力,从而导致社会阶层分化加剧、矛盾冲突不断升级,持续地对我国政府公共管理的外部环境变化产生消极的影响。

4. 非政府组织的兴起使得民主化管理加强

现阶段,顺应社会变革的进程,一系列的非政府组织在变革的背景下应运而生,并得到迅速发展。这些非政府组织处于社会和政府两大主体之间,在社会公共管理服务中扮演着越来越多和越来越重要的角色,这与之前那种纯粹依靠政府力量进行社会管理相比是一种很好的提升和补充。在这种非政府组织的运转下,社会上的每一个成员都有机会参与到社会管理的实践活动中，为公众提供很多机会和施展的空间，从而能够充分体现社会主义主人翁的理念。所以，在这一前提下，加强民主化管理就成为大势所趋，是社会公共管理的应有之义。

5. 法制化进程的加速

当前，经济全球化的加速，多元化的文化和思想等充斥着社会发展的每一个层面，在社会公共管理活动中，表现出来的种种可为、不可为的现象，哪些是合理合法的、哪些是不合理违法的行为，怎么做才有助于公共决策的实施，怎么做才是比较明智的选择，怎么做才对公众、对社会有利等，都需要进行合理的界定，从而更加便捷、高效地顺应社会发展的需要。这就使得在公共决策的过程中，要不断增强法制化管理，冲破原有的、比较落后的制度束缚，以制度创新为手段，引起组织的变革，将社会成员中公众的无限创造力和潜力充分挖掘和释放，更好地服务于社会公共管理活动。

6. 西方管理思潮的影响

西方国家的公共管理活动正在从新公共管理逐步向后新公共管理进行转换。从一定程度上说，后新公共管理是对之前新公共管理活动的修订和进一步的完善（尹文嘉，2012）。将管理主义看作指导思想的西方国家，当前正通过新一轮的公共管理改革，较大程度上压缩政府运转的成本，从而提高政府的施政效率；将部分公共管理服务"外包"给社会上的私营机构进行管理，节约 20% ~30% 的成本；体制变得更加分散，较多的国有企业逐渐远离政治圈层，被赋予更多的自主权；同时，许多工作、部门被贴上单一的标签，使各自扮演的角色更加细化等都对我国公共管理具有重要借鉴作用。

2.2　"新常态"对公共管理带来的新变化

当前背景下，世界经济变化迅速并且纷繁复杂，已成为世界第二大经济体的中国被公认为全球经济稳步发展的重要引擎和稳定器，在此情况下，中国经济表现出特有的"新常态"。2014 年 5 月以来，习近平同志在诸多公开场合多次提及"新常态"。"新常态"昭示着经济现实的变化，意味着中国经济要在改革、结构与增速这三个方面寻求更科学、更合理的平衡点。

2.2.1　新常态下九大趋势

以历史辩证的观点认识我国经济发展的阶段性特征，在当前时代背景条件下，科学、合理地研判未来走势，准确把握经济发展的新常态。

1. 消费需求

在过去很长一个阶段，我国消费一直呈现较为明显的模仿性、攀比性和排浪式特征，目前此阶段已经基本结束。个性化、多样化的消费逐渐成为当前的主基调，以保证安全、创新供给的模式来激活需求的重要性呈现出明显的上升态势。为顺应这一形式的改变，紧跟时代进程，我们所采取的消费政策、消费理念必须要科学合理，让人民的消费潜力得以适度的释放，进而使消费在推动经济发展中继续发挥其基础作用。

2. 投资需求

1978 年改革开放以来,我国在这三十多年的时间内经历了一波大规模、高强度的开发建设,导致我国的传统产业已经达到相对饱和的状态,然而波及基础设施领域的互联互通以及新产品、新技术、新商业模式的诸多投资机会也在不断地涌现,给投资创新提供了更多的机会和挑战,新形势对投资进一步提出了更多的新要求。这就要求我们必须要善于把握投资方向,逐步消除投资过程中不同因素所设置的障碍,让投资继续在我国经济快速发展的进程中发挥其关键性的作用。

3. 出口和国际收支

国际金融危机发生之前,国际市场的空间布局很快蔓延开来,出口迅速成为我国经济快速发展的重要助推器,在全球经济一体化迅速发展的今天,整体而言世界总的需求不旺,较之于以前我国的低成本比较优势也在此环境下发生了改变,与此同时,我国的出口竞争优势仍然比较明显,引进来和走出去的战略在悄无声息地同时进行,把国外先进的高尖端技术引进来,把国内成熟的技术和产品带出国门,在这一进一出的过程中,务必要加快培育我国新的比较优势,让出口继续在推动我国经济发展的过程中发挥其强有力的支撑作用。

4. 生产能力和产业组织方式

在过去很长的时间内,供给不足是一直困扰我国发展的一个主要原因,当前我国的传统产业供给能力大幅增长,供给不足的局面得到极大的改观,产业结构在此背景下势必要不断地进行改造和优化升级。与此同时,随着改造升级地不断进行,多种形式的企业改制、兼并、债务重组等将会成为常态,生产的相对集中将会不可避免地发生,新兴产业、服务业、小微企业在经济发展的过程中发挥的作用将会更加突出,所占的地位也会逐步提升,生产的高、尖、精必将成为产业组织的新兴特征。

5. 生产要素相对优势

劳动力成本低是我国很长一个时期内所具有的最大优势,引进科学的管理能够在较短时间内很快将生产力提升上来。我国已经步入老龄化社会,当前老年人口在社会中所占的比重稳步增加,然而可转移的农村剩余劳动力数量却在逐步减少,生产要素的规模驱动力也在一步步地减弱,经济增长在某种程度上将会更多依赖人力资源的质量提升和科学技术的不断更新换代,务必让创新成为驱动发展的新动力。

6. 市场竞争特点

数量扩张以及价格上的竞争是之前较长一段时间内市场竞争的主要表现形式,但其正逐步被以质量型、差异化为主的综合能力竞争所取代,新常态的时代背景下,统一全国市场、优化资源配置并提高其使用效率是当前我国经济发展的内在应有之义,在此要求下势必要不断加快改革开放的步伐,进一步深化改革,并且加快形成依法依规、公平合理、有序规范、统一透明的市场环境。

7. 资源环境约束

站在资源环境约束的视角来看,当前环境资源的承载力已经达到或接近上限,而在以前能源资源利用以及生态环境可承载空间是较大的,是现有的社会状况所无法比拟的。当前环境资源承载力已经达到了饱和的状态,在此情况下,势必要顺应全民族对良好生态环境的美好愿景和憧憬，不断加速推动形成绿色低碳循环、可持续发展的新理念、新方法。

8. 经济风险积累和化解

从经济风险积累以及化解的角度来分析，随着全球经济增速的不断下调，经济下行的压力不断增强，之前各类隐性风险现在不断暴露出来，隐性风险逐步转变为显性风险，但是总的来说风险是整体可控的。然而，要从根本上化解以泡沫化、高杠杆为主要特征的各类风险，肯定还会需要比较长的时间，为此要从根本上改变上述情况，必须建立健全相应的化解各种风险的体制机制。

9. 资源配置模式和宏观调控方式

站在资源配置模式以及宏观调控方式的视角来分析，全面刺激政策的边际效用递减比较明显，一方面要全方位地化解产能过剩，另一方面还要通过发挥市场机制的调节作用探寻未来产业的发展方向。因此，必须全面把握总供应和总需求之间在新的时代背景下的新变化，用科学合理的宏观调控进行指导。

以上趋势性变化足以说明，我国经济发展已经进入新常态，正在逐步向结构更合理、分工更复杂、形态更高级的阶段演化，中高速增长正替代之前的高速增长，经济发展的驱动力也正在一步步地顺势而为，从传统的增长点转向新的增长点。所以，新时期我国的公共管理也要适应新常态发展的需要。

2.2.2　新常态下的地缘政治与经济

1. 认识新的复杂世界

在20世纪80年代后期以后的二十多年里，欧洲经济持续繁荣稳定，直至2008年，全球性金融危机在美国暴发，引发思界潮流，西方思想家对这次经济危机进行了深刻反思，而“新常态”成为了最重要的反思成果之一。

什么是“新常态”呢？可以用高失业率、高债务和低增长来概括形容，简称“两高一低”。无论在欧美还是东亚，概莫能外。实际上，“新常态”本就是经济词汇，最早使用“新常态”这个名词的是美国太平洋投资管理公司首席执行官埃尔·埃里安，2011年前后“新常态”一词在国际投资界流行通用开来，用作描述金融危机之后经济增长低于平均水平的一种状态。

而在现今经济危机爆发七年来，相对美国，全球其余地区经济缓慢复苏，唯有美国依旧在政府债务高涨、经济增速放缓和高失业率的漩涡里裹足不前，这在埃尔·埃里安的最新观点中有所阐述。然而，这种阐述不是最悲观的，例如美国前财政部长萨默斯也曾经指出，发达国家的经济增长停滞这一现象可能会成为新常态。这就是世界经济发展呈现的新的复杂情况。

2. 国际地缘政治博弈

自2014年开始，国际社会风云变幻，国际关系由单极向多极重置转变的趋势更加明显，全球经济也随之发生重大变化，地缘政治博弈日趋激烈所带来的结果便是国内政经格局的大规模调整。我们不得不开始重视对“新常态”的认知，并意识到“新常态”并非偶然，亦不可避免正视和分析目前的“新常态”。只有正视之，才能有助于我们把握未来国际局势变化以及国内宏观经济走向，乃至未来的市场走向。

2014 年之前,针对当时国际地缘政治博弈的态势,我国提出了“东拒、西进”的国家战略。而随着国际形势的变革,我国顺势于 2014 年将这一战略调整为“东拒、西进、南盟、北联”。其主要原因是由于自 2014 年初以来,国际地缘博弈的激烈程度已远远超出原有的想象,国际关系从单极化向多极化转变的发展趋势也日益明显。国际地缘政治博弈已不只停留在话语权博弈的阶段,更发展为经济货币交易体系的变化,这极大地影响了各国的对外政策,尤其是各国的经济战略。从某种意义上讲,世界经济状态正处于从原来的单极状态向多极化状态过渡期间。各国都在不断调整自身策略,适应“新常态”变化,为适应这种世界政治“新常态”,各国都对经济发展策略做出了相应的调整,从而保证在中短期内跟上世界经济发展的趋势,而这种策略调整必将在中短期内影响各国的经济。

第二次世界大战以后,美国、苏联两国在世界上占据着绝对的主导地位,这一现象一直到 20 世纪 90 年代苏联解体才得以宣告结束。此后,美国成为了世界唯一的巨头。然而近来美国政府债务上限一提再提,持续 6 年的 3 次量化宽松又使政府债务超过了 4.50 万亿美元。美国国力显示出明显的颓势,其使用地缘政治博弈这一低成本平衡手段的力度也随之加强。近几年,乌克兰自由广场示威事件以及中东之乱,无非是各方政治势力角力的结果,也是美国为了缓解其全球控制力削弱的危机,从而达到延续石油美元霸权目的的行为。要完成这一系列行为,必然要将货币铁三角的另两边势力削弱,这便是出现各种地缘政治博弈的原因所在。

3. 中国、世界相互增益

中国作为世界的中国,必然要在全球化大潮中应时而动。在“新常态”下,每个国家都无法摆脱与其他国家发生互动,中国亦是如此。中国与世界其他国家的互动关系将不断加强与变化。

彼得森世界经济研究所高级研究员萨布拉曼尼安曾经指出,中国经济将会主导世界的未来,并且这一趋势将无人可以阻挡。虽然“旧世界”的思维定式仍然束缚着部分西方学者,但大多数识时务者已将更多的注意力转移到中国的未来上来。

澳大利亚前总理陆克文在接受记者采访时曾提到,中国经济的发展速度由“快速”变为“显著”是一个双赢的事情,一方面它有利于中国自身的发展,另一方面它还有利于世界的和谐、快速发展。此外,他还为中国未来的发展献计献策,指出像中国这样的新兴大国,应更加注重与其他大国通力合作,为世界提供更多“全球公共产品”,例如中国需要参与贸易、经济、投资以及安全等领域的规则制定。

这一建议与中国当前的经济外交政策不谋而合。国家主席习近平已向世界表明,中国愿与世界合作发展、互惠共赢。其已在关于欢迎其他国家搭乘中国发展列车的表态中表达得非常明晰,中国近年来的外交足迹范围较之前变得更加广泛,且迈出的步子较以前也不断在放大。虽然一些西方学者受到老观念的束缚,但世界形势已经不允许其不把更多精力和注意力放到快速发展的中国和中国的未来上来。

新时代已经到来,这个新时代是中国的,也是世界的!“新常态”不是一个静止不动的固化概念,而是一个时刻发生变化的动态过程,它既精练又复杂,既充满挑战又富于机遇。这里需要新的政治经济学,这是理解和适应这个时代的世界和中国所必需的,我们需要新的视角、新的框架、新的逻辑。一个积极的、更具建设性的中国，必将增益世界。

展望 2015 年世界经济的发展趋势，经济的增速较上年度会略有回升，但整体的疲弱态势将很难有明显的改观。这一年中，国际金融市场的波动将更加剧烈，地缘政治等非经济因素的影响亦会加大。在这种复杂的国际形势下，所表现出来的种种现象提示我们要趋利避害、加强防范、因势利导、顺势而为，在挑战中发现机遇，保持经济快速、持续的发展。

2.3　环境变化对我国公共管理提出的挑战

2.3.1　传统政府向现代政府转型挑战

从 1982 年开始，我国政府经历了七次机构改革，但改革目标未取得理想化或实质性进展，也未在实质意义上实现传统政府向现代政府的转变，学者研究认为本质的问题在于没有将改革的基本目标明确地定义为政府转型。因为，无论是职能转变，还是机构改革，都没有涵盖政府改革的全部内容，仅仅涉及局部操作层面的调整，缺乏系统整体的顶层设计（褚添友、潘秀珍，2008）。在经济体制转轨的过程中，某些项目建设、投资等均由政府直接主导展开，势必使得有些问题得以凸显：

（1）以官员政绩的主要指标为考核依据的现行体制，会使得许多投资达不到预期目的、效率低下，导致公共管理的职能受到抑制；

（2）由于社会信用体系被破坏，使现有的市场经济现状已被畸形化；

（3）市场分割的现象加剧，地方保护主义比较普遍，政出多门司空见惯；

（4）政府权力导致权力寻租的现象无法回避；

（5）审批事项和行政垄断的增多，导致本来作用发挥就不是很充足的市场机制运转和功能受到遏制。

2.3.2　政府管理职能转变与创新挑战

现阶段我国政府职能的转变正在进行，尚未形成固定机制，“全能主义”的政府职能还没有完全退出，“服务为本”的政府职能还没有真正形成，诸多的错位、缺位和越位现象在政府机关行使公共权力时还有一定程度的存在。如今我国政府在履行公共管理职能的时候尚存在着许多不足、棘手和弱化的层面。这主要体现在如下方面。

（1）有效执行政策能力的弱化。在全国范围内，中央政府的公共政策难以得到全面而有效的贯彻落实，进而导致国家宏观调控能力的弱化。

（2）可持续发展的能力还不是很强，需要进一步提高。在可持续发展的进程中，如何平衡眼前利益和长远发展的需求，依旧是现阶段我国政府不得不攻克的一个难题。

（3）科学制定公共政策能力的不足。我国政府在建立科学决策机制和制定周延而明智的公共决策上，还有欠缺与不足之处。

（4）应对公共危机事件的能力较弱，尚需进一步加强。近年来，我国不时发生一系列突发性公共危机事件，体现出政府处理危机和应对公众方面的不足，日益凸现出我国政府在这方面存在的问题（肖文涛，2005）。

2.3.3 公共权力异化遏制挑战

公共权力在运转的过程中，如果与其初始状态所设想的公共利益目的相背离，或者是公共权力的运行主体将手中的“尚方宝剑”为私人谋取利益的时候，则会导致公共权力不按照原定轨道运行，发生偏离正常的轨道非正常运行的可能，导致一些非常规的异化现象出现（肖文涛，2005）。目前，我国公共权力异化主要表现在以下三个层面。

（1）公共权力被私有化，即把公共权力看作个人谋取私利的工具，权力被握在手中的人所利用和操纵。

（2）公共权力的商品化，即把公共权力当作私人交易的筹码，将其视作达到某种阴谋而交换的商品。

（3）公共权力的庸俗化，即利用手中的公共权力巩固所谓“自己的圈子”，利用乡情、同学情、战友情以及其他利益关联关系，搞宗派、团体，建立自己的关系网络。

2.4 我国公共管理创新应遵循的原则和理念

管理意识、思想、目的等一系列比较全面因素的综合是公共管理的“灵魂”，它被称为公共管理的原则和理念。现代公共管理模式需要建立一种适应市场经济发展要求的，与信息社会发展相匹配的，并能顺应全球化竞争的模式。目前，西方国家公共管理改革凸显出来的国际化、信息化、社会化、法治化和市场化等主要趋势和共同特征，是人类寻找一种较好政府治理模式的努力方向，其在变革过程中所遵循的一些基本原则和理念对于我国政府在外部环境变化条件下的公共管理创新具有重要的借鉴意义。

2.4.1 公共管理变革原则

1. 多主体参与“蜘蛛网”式构建原则

公共管理是把政府看作众多主体的核心，由政府公共组织提供公共产品、协同治理公共事务的一种新的管理模式（于志勇、梁朋利，2012）。

现阶段行政环境的多元性和动态性，公共问题和公共事务的复杂性，虚拟社会的动态性，使政府不可能成为公共管理这艘航船的唯一舵手，而不得不建立基于网络式和参与式的新型公共管理体系。各种社会团体、公共部门及自治组织在公共管理中都起着必不可少的重要作用。该构建原则意味着公共管理要从以政府为本位逐步转向以社会为本位，从以官为中心逐渐转向以民为中心（肖文涛，2005），从而使公民能够充分实现政治、社会和法律所赋予的权利，进而参与到公共管理中，最终实现其公共管理价值之所在，从而以个体、团体或者群体的名义和力量参与到公共管理当中。

2. 公开和透明追求效率原则

公开和透明的公共管理，其含义是有关政治的各种事务，除涉及社会稳定、经济安全和国家机密的特殊事项外，都应当向包括公众在内的社会进行公开，让人民群众享有更多的知情权和监督权，进而使公共利益最大化的顺利实现得到保证。在公开、透明背景下，公共管理能否高效运作，是衡量一个政府是不是负责任的重要标志，一直以来也是判断一个公共管理体系是不是优良的重要指标（冯太学，2009）。从某种程度上讲，公共管理也是一种非常重要的经济事项，应充分发挥其杠杆作用，用较小的投资撬起更大程度上的收益，有意识地着重提升公共权力运作的有效性，从而使公共管理行为能够在较好的环境下运转。

3. 法治与德治并举担负责任原则

法与德是不同层面的社会规范，二者相辅相成，所具备的社会价值目标是一致的，但各自又有不同的局限和功能，共同构成社会治理的双刃剑。现阶段我国的公共管理，既需要法治，又需要德治，依靠二者的力量保证公共管理目标的实现。党的十八届四中全会全面推进依法治国，在当前法治和德治并重并举的时代背景下，政府应是一个以公民需求为出发点，以高效、负责和廉洁为行为准则，向公民提供更多优质公共产品和服务的政府。公共管理者以及公共部门在行使其公共权力的同时，必须相应地承担起与之相对应的经济、道德和政治等公共责任。

2.4.2　公共管理变革理念

1. 职能社会化理念

公共管理是由国家公共管理、政府公共管理、社会公共管理三个层面所构成的，也就是说上述三种模式管理的主体都是公共管理的要素之一，但是公共管理的共同内涵是社会管理。现阶段社会上出现的诸多公共事务管理不可能是单纯依靠政府自身的力量大包大揽得以实现的，一个最理想状态的社会管理模型应当是由多形态的公共组织共同治理才可以完成的（胡象明、唐波勇，2010）。因此，政府在履行其职能的时候应该尽可能多地把公共事务交由社会管理，进一步简政放权，用间接管理逐步取代之前的直接管理，进而实现公共管理职能的社会化。

2. 公众满意理念

公众满意理念是以公众的满足程度或者感受作为评价标准的一种理念，它的核心和主体是公众，这是当前公共管理的应有之义。在公共管理实践活动中，要想达到公众满意的层次和目的，首先必须要牢牢树立以人为本的观念，所以评价公共服务绩效的最高标准就是公众满意的原则。此外，要将管理就是服务的思想在实践活动中贯彻，把公共服务作为一种精神进行弘扬（王科，2010）。

3. 低成本运行理念

低成本运行是公共管理的应有之义，效能是公共管理的基础，政府公共管理应当谨慎地核算行政成本，珍惜民力，注重行政支出、行政投入、行政绩效，禁止除公共税之外收取其他行政性费用以及因滥用行政权力而造成不公平的行政负担。这必然使我国政府的机构设置、行政程序的设定更加合理，各行政主体的行为关系界定更加科学。此外，还要通过建立一套政府管理绩效的监测体系和评估机制，完善政绩的评价方法，实现整体运行成本的最小化。

2.5 我国公共管理变革对策

面对外部环境的持续变化,我国政府的公共管理需要在遵循先进原则和理念的基础上,进行动态性的调整变革,以适应环境的新变化,应对其提出的调整,向与服务相结合的政府治理管控模式转变。

2.5.1 认识新常态、适应新常态、引领新常态

在新的时代背景下,我们要全面地、辩证地认识新常态,主动适应实时变化的新常态,并且积极引领新常态,必须努力调适好理念、政策、方法三个层面,使之有条不紊地衔接;不仅是单纯把"先手棋"下好,更要精心筹划做好打持久战的准备。思想理念要跟上,这是调适理念的关键之所在;要探索创新分析评价方法,这是调适方法的核心之处。

当前,我们努力去适应不断呈现在大家面前的新常态,在这个过程中,我们要逐步吸收和消化新常态提出的时代背景、深刻内涵、本质特征等,并进行深刻的剖析。国家主席习近平曾经指出,在改革的过程中,我们要拿出"敢为天下先"的勇气,不断地进行创新,积极探索适合我国自身发展需要的新道路、新方法、新模式,在全球一体化的时代背景下进一步探寻新增长点和驱动力。从2013年建立上海自贸区,到提出"一路一带"战略构想,发起建立亚洲基础设施投资银行(Asian Infrastructure Investment Bank)与创立丝路基金,再到出资1 000万美元支持亚太经合组织机制建设和能力建设,上述诸多举措的实施都是中央在新时期对全面深化改革开放的逐级深入,对自身发展路径向更深层面的提升和拓展延伸,更是对国际区域经济发展和全球经济一体化发展模式的进一步创新和引领。

如今,我国已进入经济发展的"新常态"阶段,新的时代背景下,我国已经进入全面建成小康社会的重要阶段,在这一攻坚克难、爬坡过坎的特殊时间节点,把提高经济发展质量和效益作为发展的中心,突出"质"和"量"两个层面不同的侧重点和关键之处,积极努力寻求稳增长和调结构的平衡点,为社会的全方位发展提供强有力的经济支撑,把当前面临的"新常态"逐步转变成更有力的"新强态"。

2.5.2 不断提高风险意识和应对能力

在当前新常态的时代背景下,风险管理与风险社会业已成为政府不得不面对的客观现实,政府必须积极培育风险管理文化,持续增强风险防范意识,将管理思路调整到风险管理取代传统管理的模式上,逐步实现政府危机管理模式的升级和超越。当前,政府公共管理变革要不断树立敏锐的风险意识,构建相对成熟的风险文化和识别体系,提高抵御风险的能力,推动风险管理的机制创新,建立健全规避和化解风险的制度,才能促进我国经济社会又好又快发展(方世男、齐立广,2009)。

政府治理风险的绩效好坏由抗风险能力的有无、强弱所决定,由此来看,政府务必要逐步全面提高抵抗风险的能力(刘少杰,2010)。也就是说,要逐步加强政府认知风险的能力,提高面对风险和突发事件的迅速反应能力,进一步提升政府治理风险的综合协调能力,进而

将政府治理的风险降低,增强决策的科学性。

2.5.3 培育和发展国家与社会共同治理模式

当前社会存在着诸多公共事务,针对新时期存在的新情况,政府不可能提供社会组织及公民所需要的全部公共服务、公共产品,除政府之外,必须要将社会上非政府部门引入,共同参与其中。随着我国社会主义市场经济体制的初步建立,社会与国家之间的双向交流与互动逐步得到加强,在某种程度上讲,相对独立的、提供资源和机会的公民社会逐渐呈现在公众面前(陈宝胜,2009)。所以说,如何通过培育和发展非政府部门来推进社会领域的改革,业已成为制约我国改革能否取得全局胜利的重要因素。当前,非政府部门作为我国新的组织形态,既能将政府之前掌控较多、较为复杂的部分职能转移和释放,对之前一直沿袭下来的政府管理模式是一个很好的填充、拓展,又对构筑多中心的公共事务管理体系起到催化剂的作用,进而能从根本上促进政府公共管理模式的转换。

随着国家与社会关系的逐渐调整,非政府部门在近年来发展得非常快,并开始逐渐涉足社会发展的诸多领域,在个体行为的调整、社会机制的整合等诸多方面和领域均发挥了积极而有效的作用。但应当明确的是,现阶段我国非政府部门在其结构规模、组织层级、功能效用上都受到了很大的制约,没有形成一个比较完备的组织体系。非政府部门只能做两种类型的事情,一是政府想去做,却暂时没有精力做的事情,或者还来不及做的事情;二是政府虽然没有想过要去做,但一旦第三部门已经率先一步涉足,它也不会去反对的事情。这也就是说,许多第三部门没有获得独立的地位,还是像之前一样依附于政府及其所属职能部门,更没有足够的能力来实行自治。鉴于上述问题,我国要在深化政府行政体制改革的过程中,理清并整治各种有政府背景的非政府部门,制定相应的政策法规,为了保证非政府部门行业管理的社会公信度,势必要积极加强其自我约束,为规范发展营造良好的社会氛围。

此外,面对网络信息技术的迅猛发展以及虚拟社会所表现出来的显著特征,公民网络政治参与的程度较之以前将会有更大的发展,电子政务和电子政府建设更需要一步步地完善,以适应突如其来的新情况、新挑战(奉婷,2012)。通过这种方式逐步实现直接的、双向的交流和互动,能够行之有效地将政府有关部门的服务质量和效率提高与改善,进而密切政府与公众的关系。与此同时,积极要求政府对网络参与较快地实现软性引导。

2.5.4 界定规范政府职能范围

面对外部环境的变化,首先应当对政府职能进行科学界定。为顺应经济全球化的新形势,我国政府职能不单纯是一个转换的问题,还需要注意考虑开发、强化新的政府职能问题。政府职能至少应当在以下三个方面加以开发、强化。

1. 参与国际公共事务的协调职能

在如今的经济全球化进程中,我国政府职能不能局限在中国版图中,要更加重视出国内到国外延伸的问题,通过参与处理国际舞台上的公共事务,积极向海外拓展,从而达到维护国家根本利益的目的。

2. 制度创新的职能

随着我国全面改革力度的不断加强,现阶段的制度已经成为改革过程中的一个短板和不足,使改革进入到了最需要制度创新的阶段(尹杰,2006)。目前,有效的制度已成为我国最为短缺的要素和最为稀缺的资源。我们说政府是在经济全球化背景下面临挑战最大的主体,而政府的体制和制度则是更深意义上的挑战。因此,建立健全与经济全球化规则相适应的制度体系,加强政府的制度创新职能,是当前及以后很长一个时期我国政府职能转换中需要面对和攻克的一项重要课题。

3. 保护国家安全的职能

经济全球化已经使信息的传播、资金的流向不再局限于地理位置,先前意义上的国家安全职能已不能保证当前国家的真正安全,无论是在范围上,还是在力度上,都使得国家安全职能需要进一步加强和发展。

2.5.5 公务人员素质和能力提高所带来的挑战

加强公共人力资源开发与管理,从而使公务人员的能力、素质得到提高,必定是我国公共管理变革的重点基础,也将是保证变革后制度运行效率的关键。公共人力资源开发与管理,是一种新的管理模式,是把私营部门人力资源管理的观点和实践活动,引进到目前公共部门而相应出现的。公共人力资源开发与管理这一模式的应运而生,既是我国公共管理部门人事制度改革的趋势,也是适应现阶段公共服务管理的客观需求。近年来,虽说我国在完善公共人力资源的管理体制与开发方面,也陆续进行了修补性的改革,在面向市场和竞争的社会背景下,人力资源管理逐渐被诸多的公共服务部门所关注,新的政策措施和人才战略计划得以实施,但是与快速激变的时代环境相比较,我国公共部门的人事管理模式尚有较大的差距,管理模式的改革显得滞后,适应时代发展的现代人力资源管理模式并没有形成。

服务部门创造的价值逐步提高,使得服务社会正向我们靠近。服务社会的到来,势必要求多样化、高品质的服务由公共部门为公众提供,同时更能体现公共利益、满足公众诉求的管理活动也将成为公共管理的指导原则(肖文涛,2005)。这一过程的改变将是各方面共同努力的结果,势必将要求公共部门进一步转变理念,进而加大对组织中的人力资源的开发和利用力度,从而使得传统的管人模式能够从本质上得到改变,将公众自身的潜能更有效地发挥。在内部竞争的良性运作的基础上,组织内部要引入新的竞争机制,开发公共管理人力资源,提升服务与管理的质量。

时代在进步,社会在改变,全民在思变,“变”就是改革。变是为了适应,为了过上更好的生活,为了实现个人和国家的中国梦。以前固有的以不变应万变法则已经逐步让位于用变化来应对变化。变革,促进社会进步和经济发展。在虚拟社会形成、经济社会风险加大和社会阶层分化加剧条件下,要正确面对社会经济结构变动以及利益格局调整等外部环境变化条件,科学应对政府定位转型、职能重新界定和遏制公共权力异化等挑战,在先进原则和理念指导下,立足国情,尊重规律,按照决策科学、重点明晰、协同有力、监督到位的基调,努力探索和形成定位科学、职能合理、运行规范、保障有力的政府公共治理体制。

第3章　公共管理学核心理论及其对中国的启示

公共管理学作为一门综合性学科，颇具实践性、时代性和动态性。虽然其理论内涵丰富、前沿理论也颇为驳杂，但从主流上来讲，20世纪70年代末80年代初所兴起的围绕政府改革的一系列理论，是其最为核心、比较宏观和有持续影响力的部分。这些理论具有很强的当下介入性，并都具有一定的实践基础。正是公共管理实践的不断发展特别是人们对公共管理本质认识的渐趋深入，催生了这些既相互联系又相互区别且不可替代的理论。按照理论之间的逻辑关系，本章依序介绍公共选择理论、委托代理理论、治理理论、新公共行政（服务）理论，并结合当下中国公共管理实践，探讨它们对中国改革和发展的启示。

3.1　公共选择理论

3.1.1　理论诞生

公共选择理论（Public Choice Theory）迈出了传统公共管理改革的步伐，可以说，公共选择理论是公共管理发展的一个重要分水岭。公共选择理论将公共管理建立在经济学理性人假设的基础上，为公共管理找到了一条颇具实践性的分析路径。

公共选择理论诞生于20世纪中期，由于这一时期较为特别的时代背景，促成了公共选择理论的诞生。在20世纪30年代，整个西方世界的市场经济面临着前所未有的萧条局面，社会中也开始传播对市场经济制度有所不满的情绪声音。福利经济学和凯恩斯经济学此时在西方经济学领域中兴起，这为政府干预市场经济提供了相应的理论基础，美国、英国等一些国家以该理论为依据，逐渐加强对经济市场的干预活动，在第二次世界大战期间，根据战时需要，参战的大多数国家的1/3甚至1/2以上的产品和服务，从原来的通过市场分配转为了由政府分配。然而，当时的主流经济学家中没有人关注政治—集体决策，其注意力都集中在市场层面的解释和说明。政治科学领域也同经济领域的研究类似。而在此时，针对已日渐重要的政治—集体决策，迫切需要一种理论来对之进行解释，同时该理论要建立在可证伪的前提假设基础之上，正是在这样的时代背景之下，公共选择理论应运而生了（阮守武，2007）。

这一理论的代表人物和著作有很多，典型者如《允诺的微积分：宪政民主的逻辑基础》（国内译成《同意的计算：立宪民主的逻辑基础》）（詹姆斯·布坎南、戈登·图洛克），《在官僚的内部》（道恩斯），《公共管理的知识危机》（国内译为《美国公共行政的思想危机》）（文森特·奥斯特罗姆）等。这些著作都是运用经济学理性人的假设来分析当时的政府运作过程，描绘了一个典型的公共选择国家。

3.1.2 理论主张

公共选择理论是公共管理学学科研究范式转变所取得的一个标志性成果。学术界特别是现代社会科学,在西方科学革命以后,强调要在各自的研究领域中,广泛地应用科学的假设、观察和论证方法。公共选择理论即将经济学理性人假设应用于公共管理学,并对当时社会现象和问题产生具有较强解释力的一个理论。

公共选择理论的奠基者之一,文森特·奥斯特罗姆(美国著名的政治学与公共管理学学者)在1971年出版了《公共管理的知识危机》(国内将此书译为《美国公共行政的思想危机》),书中指出,在民主革命之后,国家管理中所沿用的公共管理机制中,最主要的仍然是马克斯·韦伯所主张的自上而下的官僚制。而这种官僚制的管理机制是不能给人们带来真正自由的,故必须搞多中心管理,将决策权下放到基层,才能获取自由。且用公共选择理论描述了一个非官僚化的国家体制韦伯的传统官僚制国家与奥斯特罗姆的公共选择国家的比较,见表3.1。

表3.1 韦伯的传统官僚制国家与奥斯特罗姆的公共选择国家的比较

比较内容	韦伯的传统官僚制国家	奥斯特罗姆的公共选择国家
国家管理的主要目的	追求现代国家的效率、效益及经济的发展	追求公民满意度和政治上的民主自由和稳定
宪法的作用	界定公民的权利,政治程序及权力机构	分配决策能力和资源给不同的人、社区和办公室等
政治与行政的关系	政治与行政二分,行政服从政治	政治与行政决策相关,越近越有决策和执行的效率
国家管理主要结构	统一意志的科层结构的官僚体制	权力分散和下放的多中心
对政府官员的认识	政治上中立的技术型人才	理性经济人
对公共利益的看法	国家保护和实现社会公认的超越个人利益的公共利益,如平等、问责、伦理道德等	没有抽象的公共利益,个人利益的总和就是公共利益
政府与市场之间的关系	政府进行宏观调控,用规制、金融、激励维护市场	小政府与自由市场,政府为开放和透明的政府,只在市场失灵时干预
政府和社会的关系	控制为主	协调为主
政府的主要责任	提供社会管理与服务	提供劝诫与说服
政府和公民的关系	爱护、发展及培育公民	接受公民的管理和监督

资料来源:蓝志勇,陈国权:《当代西方公共管理前沿理论述评》,载《公共管理学报》,2007(3):1~12页。

概括来讲,公共选择理论的主张主要包括以下几个方面。

(1)对于政治运作及决策过程的解释,公共选择理论试图通过经济学中的理性经济人的假设来诠释,其中包括宪法理性。

(2)在公共选择理论看来,由于理性自私是所有人的共性,所以国家只是一个工具,人们以这个工具为依托,在一起进行公共决策和执行。如果回报大于付出,人们就会参加决策,否则人们就不参加。若参加的人越少,决策的成本则会越低,但执行成本会变得相对较高;相反,随着参加的人越多,决策的成本也越来越高,但执行的成本则会越来越低。

(3)公共选择理论认为,所谓的公共利益仅仅只是个人利益的总和,故其理论核心是否定公共利益的存在。

(4)公共选择理论以经济学理性人的假设为出发点,通过对政治参与的逻辑假设进行推演,得出了个人利益的最大化的结论。即综合的个人利益的最大满足等同于公民的满意度及民主政治的效益。与此同时,其遵循了西方自由主义的传统,将传统公共行政国家从追求经济效率和效益,转换为优先考虑政治价值观的理论。

3.1.3　理论评价

公共选择理论在几十年的公共管理实践中,显示出了巨大的优越性,同时根据实践的发展,这一理论符合逻辑的延展。从某种程度上讲,公共选择理论开启了公共管理由传统向现代转型的大门。

政府与社会的关系问题是公共选择理论的核心。它认为由政府官僚机构来提供公共服务是没有任何逻辑理由能证明和解释的。因此,其倡导通过设立私营企业、非营利机构等非政府部门,取代垄断性质的政府官僚体制,以实现各个公共组织之间的良性竞争和公共服务组织的扁平化等。

公共选择理论的贡献在于找到了一个衡量组织运作的描述和测量方法,该方法定义清晰、逻辑连贯,具有很好的预见性及可操作性。具体来说,一是政治市场学说,其将政府的决策过程看成类似市场的、由公共产品的供求双方相互决定的过程,论证了在公共选择过程中不同规则所存在的缺陷,分析了由个人偏好推演出集体偏好所存在的问题,从而提出了一致同意原则的效率判断标准(类比于市场帕累托最优标准);二是对官僚主义行为的分析,其认为政府一旦形成的话,内部的官僚集团也是一个经济人,同样会有自己的利益并追求自身利益的最大化,由此会大量滋生寻租行为与腐败现象,甚至将导致政府的变质。

公共选择理论存在的问题在于其认为组成国家的仅是经济学意义上所假设的理性经济人,但实际上还有非理性经济人的社会人、复杂人,其假设不能囊括全部。首先,自利和理性并不是人类永存的行为动机,从历史时间轴上看,随着商品交换的出现,人的自利和理性动机伴之形成,直到商品经济和市场制度有了相当程度的发展,到亚当·斯密时代,经济人概念才逐渐形成,并且也将随着市场制度的消失而消失;其次,经济人假设忽略了政治活动和经济活动之间的差异性,相较于经济活动,个人参与政治活动往往是出于抱负、信念和归属感等非经济因素的初衷;再次,经济人假设人的一切行为都是为了趋利避害、谋求自身利益最大化的目的,这是不全面的,随着现代社会科学尤其是行为科学的发展,提出了社会人、复杂人等关于人性的种种其他假设;最后,人是在一定的社会制度环境下进行各种行为的,故一定受当时社会制度和环境的塑造和制约,因此分析人的行为不能脱离当时的社会制度和环境(方福前,2000)。

此外，公共管理学的挑战是将复杂多变的人作为它的研究对象，而人的情感变化和特定条件下所迸发的自我牺牲精神（道德理性）是公共选择理论所难以解释的。另外，对传统自由主义思想中公共利益的否定是公共选择理论更致命的一个弱点。

3.2 委托代理理论

3.2.1 理论诞生

关于委托代理理论最早的论述，可以追溯到亚当·斯密，其对于资产所有者和企业管理者之间所存在的代理关系问题早有阐释。他认为在对钱财的处理上，相较于为他人尽力的股份公司董事，私人合伙公司的员工会更多地为自己打算，股份公司的董事们很难像私人合伙公司员工那样做到对钱财用途的监视，因此股份公司在业务经营上或多或少会出现疏忽和浪费，这是难以避免的。正是因为这样，从事国外贸易的股份公司很难成为私人的冒险者的有力竞争对手。

委托代理理论（Principal-agent Theory）始于20世纪30年代，其是制度经济学中契约理论的主要内容之一。该理论是在美国经济学家加德纳·C.米恩斯和阿道夫·A.伯利对美国200家大公司进行数据收集分析后所提出的，其认为企业所有者最好不要同时作为经营者，因为该做法会存在非常大的弊端，故他们提倡企业的所有者要只保留剩余索取权，让渡企业经营的权利，即所有权和经营权要相分离。

在契约关系中，委托代理双方会产生代理问题，这是因为二者有着不同的目标，利益导向也不一致，而且代理人相对于委托人具有相对的信息优势。阿道夫·A.伯利和加德纳·C.米恩斯在《现代公司与私有财产》一书中着重提出，从理论而不是实证的角度来看，如果在集体行动的成本很高且所有权分散的前提下，职业型的公司经理作为代理人，多半是无法被控制的。若委托人不能获得对潜在代理人的能力衡量的完全信息，则在契约签订以后，代理人也就实现了其相对的信息优势，如果其不履行合同条款，那就会由此产生道德风险问题。正是为了解决在契约设计中所存在的信息不对称的难题，委托代理理论得以出现和发展起来。

3.2.2 理论主张

在委托代理理论中，授权者为委托人，被授权者则为代理人。委托代理理论主要研究的委托代理关系则是指一个或多个行为主体在指定或雇佣另外一些行为主体为其服务的过程中，需要依据一种公开明示或潜在隐含的契约，同时还要保证后者拥有一定的决策权，另外委托人要以代理人所提供的服务数量及质量作为衡量标准，对其支付相应的酬劳。而委托代理理论的核心任务是在信息不对称及利益相冲突的环境前提下，研究委托人应如何设计最优契约，以有效地激励代理人。

委托代理理论的主要观点如下。随着生产力的大发展及规模化生产的出现，委托代理关系随之产生。这是因为，一方面伴随着生产力的发展，社会分工逐步细化，这使得权利所有者由于自身知识、能力和时间的限制，从而不能行使其所有的权利；另一方面，大批具有专业知识的代理人由于专业化分工而产生，他们有相应的专业知识、能力等来代理行使好被委托的权利。在委托代理关系中，对于工资、奖金的收入，奢侈性消费和空闲假期时间的最大化是代理人所努力追求的目标，而委托人所追求的则是如何使自己的财富最大化。因此，如果不能通过有效的制度及规范来约束二者的行为，则代理人的某些行为很可能最终会对委托人的利益产生损害。总之，委托人与代理人效用函数的不一致性，必然导致两者之间的利益冲突。

其中早期的代理人理论强调，在签订合同以前，委托人就应掌握关于代理人完整的信息。这样资产所有者在事先就能认识到代理可能产生的问题，并可在事前将相关约定写到契约内，这就意味着企业的利润和利润的分配结构不会受所有权和控制权相分离的影响。针对这些相对苛刻的假设，在后期的委托代理理论和机制设计理论中，对合同签订以前的激励的重要性加以强调。针对越来越复杂的代理关系和委托人对代理人的最优激励问题，该理论认为在签约前设计最优的激励契约是较为可行的解决方案（刘华、孙阿妞，2006）。

总之，委托代理理论已被广泛用于各种问题的解释，这是由于委托代理关系在社会中的普遍存在。比较典型的委托代理关系有公司股东和经理，选民与政治家，医生和患者，债权人与债务人等。因此，通过理清二者之间的关系，找出影响激励的主要因素，并依据该因素设计出最适合的激励机制和举措，以获得最大的权益和效率。这也使其在社会生活的方方面面被越来越广泛地应用。

3.2.3 理论评价及其在公共管理实践中的应用

撒切尔夫人倡导注重政府运作的改革，在其改革过程中，一方面对国有企业（如铁路）进行私有化改制，另一方面对政府管理中的“三E”（Economy，Effectiveness，Efficiency）即经济、效率和效益着重进行了强调。这一运动强调管理主义的应用，提倡通过市场或准市场的方法对政府业务部门的运作进行改造，注重对业绩、效率的评估，针对政府工作的竞争性方面，其通过运用限期性合同、财务预算限制、宽泛的管理自由度、强调工作目标以及任务完成现金奖励等方法来加强。

在20世纪80年代中期，为探究撒切尔夫人所倡导的改革对政府管理系统产生的影响，英国的“经济社会研究院政府和法律委员会”对此发动和资助了一个大型研究活动，该活动的经费达35万英镑，历时长达三年之久。英国伦敦大学的行政学家胡德，受公共行政杂志社的邀请，领衔主持该项目。这些研究人员将英国这次改革放在全球的视野下进行讨论，并对其所收集的改革思路和特点用“新公共管理”这个词来概括表述。

在美国，1993年克林顿政府上台执政，成立了国家绩效评估委员会，该委员会由副总统戈尔担纲领导，目的是推动、重塑政府改革。他们提出要明确工作目标、更多地掌舵而不是单纯划船，敢于进行授权和分解责任，更多地用激励来替代规制限制；不提倡用非行政方法来解决问题，更愿意通过用市场的方法、用顾客满意度来衡量成就，用成绩来决定财政的分配，树立竞争性的政府。此外，政府还要削减不必要的经费，通过培训手段等增加雇员的能力，帮助社区解决自己的问题，以便更好地为客户服务。此外，他们还采用了一些美国地方政府已经成功使用过的创新管理方法，如竞争政府等，这都被后来的部分学者归类为新公共管理改革。

新公共管理运动的重要运作逻辑，就是借鉴私人管理、企业经营的理念与方法，采取更为灵活、多元的管理模式，来打破和替代以控制、监管为主要手段的传统官僚制的公共管理模式，委托代理关系作为一个在市场经济模式下十分重要的合约制度，也成为一项在公共管理运动中最主要的改革内容，被广泛借鉴、应用于政府管理活动中。

在政治领域中，委托代理关系也广泛存在，较为典型的委托代理关系有选民和政治家、权力机关和行政官员等。在政治领域中对委托代理理论的解释和理解，深深影响着新公共管理的理论和实践。新公共管理根据委托代理理论的解释，诠释了以下重要思想：由于信息存在明显不对称性，政府作为代理人就有相对的自主性；在实践中政府官员及政党组织会产生追逐自身利益最大化的倾向；如何设计适当的激励机制成为了解决委托代理问题的关键。

伦敦大学的行政学家胡德将新公共管理的成功经验归纳为以下七点。

(1)强调专业管理人员的实际操作，注重专业性，即强调责权相配，让专业人员来管理(即让经理人员来经营)。

(2)注重明晰的绩效评估标准和衡量方法。这就应该需要较为明确的标准设置和清晰的业绩目标。

(3)更强调对结果的控制。资源可以直接用于进行绩效评估的领域，相对于过程，更强调结果。

(4)通过对公共领域的各单元进行分割，以创造可控制的单元，这样便得到相较于公共领域或私营领域，更为有利的效益规模。

(5)调整公共管理领域方向，使其具有更为强烈的竞争性，用竞争降低成本并提高业绩标准，比如说更多地使用定期合同及公共程序的监督。

(6)注重将私营企业的风格和方法应用于管理实践中，并使用灵活雇工和现金奖励的方式，逐渐脱离军事化的公共服务道德标准。

(7)在资源使用方面，强调严格的原则性和节约性。提倡用更少的钱办更多的事，对公共部门的资源需求进行限制，精简企业在执行公共政策和法规方面的成本。

这些经验都是委托代理理论在公共管理领域中的典型应用。

3.3 治理理论

3.3.1 理论诞生与发展

“治理(Governance)”一词是起源于拉丁文和古希腊的古老词汇，传统公共行政学上，人们多用“统治”一词来描述国家权力中心对于社会或公民的管理与服务。至20世纪90年代，伴随着社会化大生产的发展，社会矛盾变得日益复杂，政府对于社会危机的管理面临更严峻的困境，此时治理理论作为指导行政改革的主要理论开始流行起来，因而“治理”也成为社会科学中的一个重要概念。它的正式提出源于1989年世界银行《撒哈拉以南：从危机到可持续发展》中对于“治理危机”(Crisis in Governance)一词的运用，此后，“治理”便取代了“统治”，成为社会科学中的一个标准用词。伴随着理论的发展，“治理”一词兴起的原因及背景也受到国内外学者的广泛研究，一般认为，20世纪后期西方福利国家危机的产生是治理理论得以产生的重要动力，西方国家福利水平的提升使得政府对于资源的控制力度逐渐提升，从而限制了市场的资源配置作用，这种矛盾的产生使得人们对政府与市场的关系提出了新的要求；伴随经济全球化空前发展，社会矛盾的多元化也是多中心治理理论兴起的直接推动力量（王诗宗，2009）。在此基础上，治理理论在近20年的发展过程中涵盖了包括治理与善治、多中心治理、全球治理、协同治理等在内的多个理论体系，它的理论思想也被学者引用到社会学、行政学、政治学、经济学等学科研究中。

3.3.2　理论涵容

所谓显学，是指扎根于现实及与现实紧密联系的知识体系，20世纪80年代以来，治理理论的产生源于现实社会发展的需要，它的发展也为西方国家危机治理提供了理论基础，推动了政府行政体制的改革，建立起政府、市场、社会的多元化治理体系，发展成为一种服务于社会的显学学术理论。在这一背景下，国内外学者对于治理进行了广泛的研究与应用，从含义、内容、特征等层次提出了不同的理论观点，体现了理论发展的多元化特点，但也使得治理理论的含义显得模糊。因而，对于治理理论的定义应该从学者不同的研究背景出发，针对所解决问题的方向性，来定义不同的治理内涵。赫斯特对治理含义总结出如下五个方面的内容：一为善治，强调发展中国家国家能力建设过程中，应发挥民主的作用，建设符合国家要求的政治体制、法律体系等，注重公民社会的构建；二是从国际化视角出发，注重对于世界性或全球性问题的治理应由各国合作来解决，例如全球变暖、国际金融市场监管、能源危机应对等；三为公司治理，提出了对现代公司管理的要求；四是关于公共行政体制改革方面的内容，主要是与新公共管理战略相关的政府治理，主张建立一种市场机制下“消费—供给”形式的公共服务提供模式；五是主张在社会组织、企业、地方政府、工会等多个主体中建立一种合作关系，来取代传统的级制合作主义。1995年联合国全球治理委员会在《我们的全球伙伴关系》研究报告中对治理做出了较具体的定义：治理是包括公共的或私人的个人和机构在内的对于共同事务管理的多种方式总和。它是为协调相互冲突或不同利益群体并且采取联合行动的长期的过程。这种管理的制度既包括强制人们服从的正式法规制度，也包括各种人们约定俗成、非正式的制度安排。

在治理理论的发展过程中，以“多中心治理理论”较具有代表性，印第安纳学派作为“多中心治理理论”的代表学派之一，在波兰尼基础之上，对“多中心”进行了重新阐述和发展，进而形成了一种新的治理理论——“多中心治理理论”。印第安纳学派学者认为，在公共治理领域，政府和市场的治理能力是有限的，没有任何一个机构或者主体对治理权力的合法使用享有终极的垄断，而是由多个权力中心分享着相对自主的、有限的专有权，由多个权力中心来治理公共事务、供应公共物品。多中心治理就是为了实现政府部门与非政府部门（私营部门、第三部门或公民个人）等众多公共行动主体彼此合作，增进公共利益，在相互依存的环境中共享权力，共同管理公共事务的过程。

3.3.3 理论要素

治理理论在不同的学科或社会层次运用中，衍生了针对不同研究对象的各种独特含义，但从其发展的脉络来看，却具有一定的共性，体现在治理理论从社会现实问题出发的发展方向。英国学者格里·斯托克从国家统治与管理变革的基础出发，对治理理论做了较为全面的研究，提出了治理理论的五个方面的要素。

(1)从治理的主体来说，治理是一套出自于政府但又不局限于政府的社会公共机构和行为者。治理的实现也不仅仅是依靠国家的强制力量，国家的权力中心并非政府一个，治理的主体具有多元化的特征，它包括社会组织、政府机构、企业等多个主体，社会管理中应该充分发挥非政府组织参与管理与服务的作用，这也是治理与统治的主体差异所在。

(2)治理理论认为在求解社会和经济问题的过程中，参与主体之间的界限和责任变得模糊。在现代社会发展过程中，政府将其原先独自承担的各种责任与功能一部分转移给社会组织或公民，社会组织承担了一部分社会管理功能，在这种转移与合作关系形成的过渡阶段，往往存在国家与社会之间、公共部门与私人机构之间以及政府机构与非政府组织之间模糊的界限与责任关系。它指出了社会治理现实发展过程中存在的问题，也为治理理论的发展提出了新的要求。

(3)治理理论从合作治理角度提出涉及集体行动的各个社会公共机构之间存在相互的权力依赖。该理论认为参与集体行动的组织之间以及对于其他组织具有一定的依赖，为了达到目的，各个联系的组织之间会交换资源，针对共同的目标进行谈判；交换的结果不单由各个参与主体所掌握的资源决定，还受游戏的规则以及交换的环境的影响。

(4)治理是自主、自治的行为者网络，形成一种上下互动的管理体系。一方面，治理主体对于特定领域中的治理对象发号施令，发挥主体的作用；另一方面，治理的对象根据治理主体提出的要求，在行动过程中针对存在问题向治理主体提出新的要求，通过反馈机制建立起长期协调、合作的治理机制，强调治理对象在主体把控下发挥自治作用，形成自主治理的网络。

(5)治理理论提出政府办好事情的能力并不在于权力的使用，不在于政府下命令或运用其权威，政府可以使用新的工具和技术来控制和指导，塑造多元化的政府管理手段和方式。这点不同于统治，统治的一般模式是政府发挥命令机制作用。而治理则是适应社会多元化发展的要求，政府作为“掌舵人”，运用不同的方式方法管理社会，同时调动社会中主体的活力。

从上述治理要素可以得出，现代治理理论与统治存在着本质的区别，统治是为了国家权力中心的实现，它在社会管理中存在一定的局限，而治理则是在社会管理与服务中发挥民主的作用，积极引导社会组织的参与，实现社会多元化与包容性发展。

3.3.4 理论评价

治理理论之所以是一门显学，是因为它的诞生与发展对现代社会产生了巨大的影响，以至于被人们认为是继近代民主革命之后人类社会所经历的又一次社会变革——治理革命。

治理理论体系庞大,对于多个学科理论的发展具有重要的推动作用,尤其是为发展中国家社会治理、全球性危机治理、公司治理等领域提供了重要的理论基础,体现了其作为一种社会研究方法和问题分析的视角的普遍性与独特性。它的产生使得传统的统治思想得以颠覆,也否定了传统的国家—市场两分法,以国家、市场、社会、企业的多主体组合取代了政府的单一权力中心社会形态,使得社会的作用得到空间提升,可以这样说,在人类社会的未来发展中,治理将是一种趋势。

治理理论虽然兴起于西方发达国家,但其理论的思想对于发展中国家的改革与社会发展也具有适用性。治理理论的多元化主体思想对于发展中国家的政府体制改革与行政体系建设具有一定的借鉴意义,在发展中国家,社会组织没有发挥其应有的社会管理功能是广泛存在的现实问题,治理理论的应用为社会组织的发展以及公民社会的构建提供了理论依据。

3.4　新公共行政理论

3.4.1　理论诞生

新公共行政学(New Public Administration)产生于20世纪70年代初,它的诞生与美国现实社会问题息息相关,20世纪60年代末开始,美国社会发生了一系列危机,种族问题导致社会暴力事件频发,民权运动高涨,而传统行政学知识面临社会危机复杂化的挑战,对现实社会问题的解释逐渐缺乏公信力,新公共行政学应运而生。1968年,由美国雪城大学的麦克斯韦尔公共事务学院发起组织,一批年轻的公共管理学者在明诺布鲁克会议中心召开了第一次明诺布鲁克会议,标志着新公共行政学的正式诞生。会议从美国社会现实问题出发,讨论了公共行政学的研究内容以及服务对象等,提出了新公共行政的主要研究方向,强调积极与爱心,主张推动民权和民主积极干预政府。这一思想成为后来黑堡宣言(Blacksburg Manifesto)的核心理念,也是后来新公共服务的理念基础。

新公共行政学的诞生既是对美国社会现状的回应,也是公共行政学发展的必然结果。20世纪80年代末的第二次明诺布鲁克会议和2008年的第三次明诺布鲁克会议使得新公共行政学的思想得以发展与延续(宋敏,2010)。这两次会议主要针对几十年间美国社会发生的重要危机性事件,如“水门事件”“911事件”等,评估了新公共行政学对于现实的指导能力,讨论新公共行政学未来发展的主要方向,它批判了传统行政学“效率至上”的思想,建立起一套“公平与效率”协调统一的社会新规范。

3.4.2　代表人物及其理论主张

新公共行政理论的代表人物及著作主要有:马芮尼(Frank Marini)的著作《走向新公共行政:明诺布鲁克观点》(1971),沃尔多的著作《动荡时代下的公共行政》(1971),弗雷德里克森(H. George Frederickson)的《新公共行政(New Public Administration)》(1980),贝利和梅耶针对第二次明诺布鲁克会议编著的《相互关联世界中的公共管理:明诺布鲁克传统的论文》(1992)等。

综合以上代表人物及其著作所表达的理论观点，我们可以将新公共行政理论的主张归纳为以下几个方面。

（1）新公共行政学通过倡导公平理念，否定了传统行政学的一系列理论，认为传统的政治—行政二分法是不符合现实的，公共行政人员往往既从事政策制定也进行行政执行，那么这种二分法缺乏实践依据。传统行政学以威尔逊为代表，试图解释两个问题：①如何在有限的资源条件下，提供更多的服务；②如何花更少的钱来提供这些服务。这种思想以效率为核心，主张"效率至上"，而新公共行政学则是主张效率与公平的协调与统一，认为在研究以更高的社会效率提供服务的过程中应当考虑是否增进了社会公平。

（2）新公共行政学强调公民精神和公民社会的构建。弗雷德里克森认为，面对现代政府公信力下降的问题，应该更多地发挥公民参与行政活动的作用，在民主社会中，社会治理不仅需要受过专业训练的公务人员，也需要那些熟悉宪法、对公共事务有一定了解的民众支持与参与，只有这样，人民才真正是民主社会中的主体之一，公民精神才能够在社会中广泛存在。

（3）新公共行政学主张建立动态的组织形态，寻求不断变革。弗雷德里克森指出，行政人员应该以社会公平作为价值取向或奋斗目标，这种对公平的倡导意味着传统的静态组织无法保证公平的持续性，因而必须加以变革，通过改革与社会公平发展不相适应的政策、规章，保证公平与效率的统一发展，以调和社会中不断出现的矛盾。新公共行政学认为公共组织的运作包括四个过程：分配过程、整合过程、边界交换过程、社会动机过程。这四个过程确立了公共组织变革的最终目标是建立起民主的行政制度，强调"顾客—服务效果"取向，公共行政应该服务于民众，从民众的实际需求出发，不断变革自身，以适应公众需求的变化。

除了以上主要的理论思想外，新公共行政学还对社会研究的范式做出了论述，主张规范研究而不是描述性研究，对于公共行政的伦理与公共行政人员的责任提出新的要求，这些理论的发展都丰富了公共行政学的理论体系。

3.4.3 理论评价

新公共行政学的诞生引起了公共行政学的全面变革，它既是对传统行政学的批判与继承，也是着眼于解决社会发展的现实问题而产生的。它倡导社会公平与民主，建立起公平与效率协调统一的公共行政新范式。它批判了传统行政学的实证主义及价值中立的主张，构建起公平参与的规范研究体系。它拓展了公共行政学的研究范畴，在传统行政学的基础上，提出了公共行政的最终目标。从它产生与发展的整个过程来看，三次明诺布鲁克会议既丰富与发展了新公共行政学的理论体系，也就美国现实社会问题做出了讨论，它强调民主、公民参与、回应社会需求的理念指导了社会发展与实践，对西方行政改革产生了深远的影响。不容否定的是，新公共行政学还是一个尚在发展中的新理论，它本身还存在很多困境，在后续的发展中，它既需要坚持自身的核心理念，也需不断吸收公共行政与管理的新思想，以适应社会的变革与发展。

3.5　公共管理学核心理论之间的关系及对中国的启示

公共管理学核心理论之间呈现出相互联系、衍生发展、百家争鸣的关系样态。委托代理理论、治理理论、新公共行政(服务)理论等理论都与公共选择理论有着非常密切的关系,它们都是在公共选择理论不断发展的过程中或是在批判公共选择理论的过程中形成的理论。西方的思想界和理论界存在着不同的派别与阵营,正是在各个阵营的博弈过程中逐步形成了以上这几个理论,这些理论都与西方思想界颇具渊源。由于这些理论产生的背景相同,它们之间有着较高的相关性;而它们又反映着不同思想阵营各自的观点,所以这些理论也不尽相同。但值得说明的是,这些理论之间并没有达到能够相互替代的程度。

纵观公共管理学核心理论的发展流变,它们在不同时期对西方公共管理改革的实践起到了关键作用,这对中国当下的改革发展有着十分重要的启示作用。简而言之,体现在以下几个方面。

3.5.1　公共管理的核心是依法行政下处理好政府与公民及社会的关系

理想化和务实性都是传统自由主义的重要特点,它们共同构成了传统自由主义的理论核心,相互对立又相互统一,这使得传统自由主义具有了很强的两面性。传统自由主义的国家在国家治理和改革的过程中处处体现了理想化和务实性的特点,它们相互渗透、互为补充。具体来讲,道德观在传统自由主义的国家是具有典型的理想性的。这种理想化的道德观可以在一定范围内制约市场行为和规范市场秩序,以使资本和私利尽可能少地干扰市场的有效运行。同时,在这一过程中国家的宪法精神也应运而生。当然,理想化的道德观并不是万能的,它还不足以使市场在任何条件下都能完成最有效的资源配置,也不足以保证公民的合法权利在任何时候都能不受侵犯或是市场各利益方的权益在任何时候都能得到平等对待。当道德的制约力量不足而市场的力量过强的时候,以上情况就有可能出现。新公共行政(服务)理论承认并且强调的公共利益,应该就是公共管理的核心之所在。

在公共治理理论的范畴内,一个一直以来备受思想家们关注却始终没有定论的问题就是究竟如何定位政府角色及其功能,不同时期、不同派别的思想家针对这一问题都有着各自独特的见解。然而可以达成共识的一点就是在国家的政治权力分配以及社会治理过程中政府的地位至关重要、不可或缺。对公共选择学派进行了批评的新公共行政(服务)理论学派的学者们对政府职能机构持以下观点:一是政府机构是代表着最高公共利益的权力机构,它的权力是由宪法规定并通过社会契约赋予的;二是政府职能机构是社会学习的楷模、技术标准的制定者、实践智慧的汇聚点;三是政府职能机构不仅反映了宪法的精神和原则,还为公众对话提供了有力的保障。这一理论下的政府是全能型政府。然而在当前环境下,我们也应该明确意识到,政府虽是社会治理中最基本和有效的主体,但它的功能却是有限的。这种更加符合当下社会发展实际和社会治理需要的政府角色及功能定位是由现代治理理论学派的学者提出的,这一重新定位过程基于更加现实的基础。治理理论的一个非常重要的观点就是社会治理主体的多元化,这里需要特别强调的是,不同的社会主体在社会治理过程中所扮演的角色和发挥的作用存在着明显的差别，不可将治理主体的多元化简单地等同于治理主体角色的对等化和功能作用的均衡化。

在治理理论的思维视域内，现代社会的治理主体体系包含了比以往更加丰富的内容，最大程度体现了多元化的特点，政府、个体公民、市场组织以及各种非政府组织都被囊括其中。不仅治理主体包含的范围逐步扩大，各主体之间的结构关系也发生了显著变化，诸如公民的主体意识不断增强、公民社会发育趋于成熟、市场的力量日趋凸显，正是这些宏观背景的变化导致了政府在社会治理过程中的角色及功能定位也发生了改变，即从全能型政府转变为多元治理主体体系中的有限政府。有限政府作为社会治理主体中最基本也是最重要的一个主体发挥了“元治理”(Meta-governance)的功能，它的重要作用一方面是向社会提供其他治理主体所无法提供的公共物品与公共服务，这是由公共物品和公共服务的非排他性和非竞争性决定的；另一方面是维持基本的治理秩序，治理秩序是否良好直接关系到各个社会治理主体能否协调地进行多元治理，并在最大程度上发挥自己的作用。与此同时，为了能够更好地适应当前的发展实际，有限政府需要逐步转变为服务型政府。服务型政府的构建应当着眼于其服务功能的发挥，就是要引导多元治理主体体系的所有组成部分共同发挥作用，在现代社会的治理中形成合作共治的局面。这就需要有限政府改变之前的治理方式，变具体而硬性的统治、管制为只把握大方向且柔性的引导。在此基础上有限政府还要为有效的共同治理活动提供最基本的制度保障、最平等的合作秩序和最适合的协调方案。

当下中国，公共管理的改革发展必须立足于公共利益，紧紧抓住这个核心。在发挥政府元治理功能的同时，必须大力培育公民社会组织，充分激活包括个体公民、多层次、多类型非政府组织甚至市场组织的参与活力，对政府形成有效的规范和制约。

3.5.2 政府是社会治理的核心主体，转变职能才能增强执行力

自20世纪80年代以来，西方国家的保守派对持续了几十年的大政府的态度有了明显的转折，这是矫枉过正的力量。如果我们把这当作西方公共管理历史发展的全部和西方社会发达的根源，并以此来指导我国公共治理的改革和相关制度的构建，则是管窥蠡测，达不到理想的效果。对此，我们必须辩证看待。

有限政府并非是无能无为的政府，恰恰相反，治理理论所要求的有限政府必须是有效的政府，具备最基本的效能底线。政府在现代社会治理过程中，仍然是最基本、最重要、最具权威性与震慑力的治理主体，它“掌握着国家最重要的政治权力，在社会政治生活和公共治理中依然具有核心地位，政府仍然是社会前进的火车头，官员仍然是人类政治列车的驾驶员，政府对人类实现善治仍然有着决定性的作用”(俞可平，2008)。因此，政府必须具备强有力的执行力，扮演有效政府的角色，才能实现治理的理想状态，即善治。

善治对政府职能有效性有着较高的要求，“善治意味着有一个高效用和高效率的政府功能……政府的职能是高效率、高效用地实现共同的目标”(蒋鲲，2011)。有效政府在现代社会治理中既要有充分的能力“提供基础性的公共服务和公共物品，还要为参与公共服务活动的其他主体提供制度激励，并对其他公共服务主体活动可能出现的负外部性问题进行规制，以切实保护公众的利益”。除此之外，公共产品和公共服务的使用者在实际操作中会

遇到很多困境，这就需要政府对其提供有力的支持和完备的服务。一方面，公共产品和公共服务的使用者很容易采取集体行动并遇到由此带来的困境，政府需要采取适当的措施以避免这种情况的发生；另一方面，当公共产品和公共服务的使用者已经陷入集体行动的困境时，需要政府支持他们采取有效的集体行动，增加他们同其他公共服务提供者在竞争中获胜的可能性，激励他们不断改善所提供的公共产品的品质。只有这样，社会治理才能不断进步。

当下中国，实现社会治理主体多元化的同时，务必保证政府作为最基本社会治理主体的地位，并发挥其元治理的角色功能，统筹凝聚多元治理主体共同参与公共管理，在保持社会持续稳定的基础上，实现国家的科学发展。

3.5.3　理清委托代理关系，促进社会治理水平的持续提升

委托代理理论被广泛应用于西方新公共管理运动中，在委托代理理论看来，政府在现实中扮演多重角色，它既可以是委托方，也可以是代理方。其中，作为代理方的政府又可以分为两种形式：一种是政治学意义上的代理方，另一种是行政学意义上的代理方。复合角色的出现，要求政府理清自身角色，并能顺利实现多重角色之间的巧妙转换。这对政府职能发挥的效度最大化有着重要影响。

从公共管理学的研究范畴来看，在政府作为委托方的委托代理关系中，政府通过委托代理模式，对社会提供公共产品和公共服务。公共产品的生产和公共服务的提供将从政府的直属工作内容中剔除，政府逐渐将这种公共产品的生产和公共服务的提供转交给社会来承担。这种委托代理模式，将政府从服务的直接提供者转换为服务的监督者和评价者，政府将从社会中购买最满意的公共产品和公共服务，并将其提供给社会大众。并且这种模式具有灵活多样的实现方式，竞争招标就是一种较为普遍的方式。政府采用委托代理模式可以逐渐完善和改进政府的管理模式，实现管理模式的改革和创新，特别是对于公共服务质量和效率的提升具有较大作用。委托代理模式下的政府不再直接提供公共产品或公共服务，他们转变为一个代理方作为一个中间购买者提供公共产品或公共服务。但是采用委托代理模式并不是一劳永逸的，随之会产生一系列问题。例如交易成本较高，政府在寻找满意的公共产品和公共服务提供者的过程中极易产生信息不对称的情况。这样，会导致政府提供的公共产品和公共服务并不能让公民真正满意，即便达成了也会产生较高的交易成本。为了解决这一突出问题，政府可以试图减少委托代理模式的中间环节，尽量减少这种模式下产生的信息不对称现象或交易成本过高的困境。例如，政府可以精细化设计公共产品和公共服务的供给路径和供给方式，这样会极大地促进有效供给，提高公民满意度。改进公共产品和公共服务的供给模式，减少其弊端具有多种方式和路径，可以试图从减少信息不对称或者降低交易成本的角度出发。在众多改进方式中，较为合理的是将公民的代理权交付给政府，由政府负责代理购买产品和服务，并且保证公共产品和公共服务的质量，提高公民的满意度（蒋鲲，2011）。

当下中国，切实转变政府职能就要广泛借鉴委托代理理论提供的多种公共管理模式，并理清政府在公共管理中的委托代理关系，实现政府多重角色的顺利转换，促进社会整体治理水平的持续提升。

第4章　公共管理研究范式的发展

公共管理领域的两位知名学者在一次国际会议上，就“拥有一个指导公共管理研究的范式重要吗”“一个范式是否正在形成”“哪一个范式更长久”这三个问题进行了对话，其中一位学者的回答是“并非很重要”“没有”和“我提出的更长久”。其实，在20世纪90年代，作为美国新公共行政学思想的代表，H. 乔治·弗雷德里克森已经提出过这些问题（Rainey H G,1994）。而著名学者，格鲁吉亚大学的公共管理教授哈尔·G. 雷尼在自己的论著中给出的就是这三个答案。

这种幽默和故作轻松的对话说明了什么呢？一方面，指导公共管理研究的范式是不确定的。一直以来，公共管理研究领域都没有明显的得到大家公认的知识核心，也没有占绝对优势的研究方法。作为一门独立的学科，很多公共管理研究学者至今苦于没有找到一种可行的、宽泛的范式来规范公共管理研究。另一方面，学者们关于公共管理研究方式的争论愈演愈烈，各持己见，互不妥协。

以政府管理研究为主要内容的公共部门管理作为一门独立的学科出现于19世纪末20世纪初，其研究方向在威尔逊发表于1887年的《行政之研究》中得到明确，其学术框架则以怀特的《公共行政学研究导论》和威洛比的《公共行政原理》相继发表为标志（陈振明，1999）。虽然经过多年发展，但是学者们在公共管理研究方式方面的争议依然存在，争论日益激烈，主要归因于以下两方面原因。一是学科自身因素。有不少学者认为公共管理不是一个单一的学科，而是跨学科综合研究领域。在该领域内，存在着各种研究流派。在不同的研究流派中，公共管理的研究内容、研究角度与研究方法存在着明显的差异。公共管理研究一直没有清晰的边界，也没有核心的研究命题。故而，明确的研究范式也就无处可寻，造成学者们各持己见的局势。二是学者自身认识。关于“范式”这一词语，学者们在理解的角度和深度上存在严重分歧，在不同范式内涵指导下分析同种现象自然产生不同结果，甚至截然相反的结论。为此，应该从“范式”的起源着手，进而深入开展关于公共管理方式的研究工作。

4.1　范式的内涵

托马斯·库恩率先在《科学革命的结构》中提出了范式这一概念，在其提出的科学发展结构模型中进行了应用，该模型可以简单概括为“前科学—常规科学—科学革命—常规科学”。按照库恩的观点，科学成就只要具备以下这两个特点即可称之为“范式”：其一，这一科学成就足以吸引、聚集一批学术共同体，并将存在于彼此之间的竞争变为合作；其二，聚集在一起的学术共同体共同构成一个开放系统，研究有待解决的问题。在这种内涵的范式指导下，托马斯·库恩对科学发展和科学革命的结构进行了研究，提出了前科学、范式、危机与反常等相关概念，并进行了分析，最后得出范式的转换实际存在于科学革命整个过程的结论。

由此可见，在科学发展的过程中，范式发挥着重要的中介作用。虽然库恩明确了科学成就成为范式所必须具备的两个特点，但是并未就何为范式进行明确界定，并未能够给出范式的清晰定义，这也造成日后学者们各持己见现象的出现。根据英国剑桥评议研究实验室的统计结果，在书中库恩对"范式"一词的阐述方式多达21种，称其为被科学共同体"公认的范例"，或者称其为科学共同体共有的"模型或模式"，抑或将其认为"共同的信念、理论或方法"被科学共同体所共有等等，上述不同阐述之间的共同点是某种高度密切的相关关系存在于范式与科学共同体之间。与此同时，在《对范式的再思考》一文中，库恩则认为，无论是基于逻辑推理角度还是从实际操作来看，范式与科学共同体都趋于无限接近，可以说，存在于所有科学共同体成员身上的东西即范式，也可以说，范式的存在使这些科学共同体聚集在了一起，这是他们聚集在一起从事研究工作的核心因素。从这个意义上来讲，范式与科学共同体在本质内容上达成了一致。

之后，随着范式这一概念的广泛应用和发展，出现了对其含义的错误认识和理解。为消除这些误解，在《再论范式》中，托马斯·库恩（2003）更深入地指出学者们可以通过两种意义不同的方式来使用"范式"：其一，"范式"是由特定共同体所有成员共有的东西构成的有机整体，包括信念、价值等内容；其二，作为模型和范例存在，是整体构成的一部分，是对具体问题的针对性解答。在前文中，托马斯·库恩（2003）引入更具体的名词解释"范式"，将其称作"学科基质"，认为范式是科学共同体成员观察世界、从事科学实践的基本素质，是其所需掌握的最基本知识，如公式、模型和范例等。综上所述，可以将范式进行如下定义，认为范式是存在于科学共同体所有成员身上的共同信念、研究方法和模型的有机统一。

同时，在库恩看来，任何的科学研究活动都是基于某种范式而展开的。在其提出的科学发展结构模型中，存在范式的形成和转换两个过程，其中，范式的形成发生在前科学向常规科学的演变过程中，范式的转换则是通过一种常规科学转向另一种常规科学来实现的。因此，范式的形成过程标志着科学领域发展逐步走向成熟。相对应地，库恩提出，科学革命则是范式转换的途径和方式。在现有方式不能对现实条件和社会现象做出说明和解释的情况下，反常和危机的出现推动了科学变革，加快了新范式的产生，从而代替旧的范式，对客观现实给予科学解释。

4.2　关于公共管理研究范式的争论

公共管理研究范式，顾名思义，就是指导公共管理领域开展科学研究的范式。近些年，关于公共管理研究范式的争论有很多，有的争论聚焦于讨论公共管理领域是否存在统一的研究范式；有的争论聚焦于存在哪一种公共管理研究范式。本书将在下文中将学者们有代表性的观点进行陈述。

4.2.1　范式的框架结构

随着公共管理范围的不断扩张和放大，学者们对范式的探讨也在持续跟进，相关争论愈演愈烈。研究范式的学者们在通向达成共识的道路上面临着诸多挑战和考验(Rainey H G,1994),即使这样,许多学者依然展开了相关研究,如蓝志勇教授等。蓝志勇、凯瑟琳·安德逊(2005)通过研究,主要致力于解决如下问题,公共管理研究领域的科学共同体是否已经形成,学者们是否拥有确定的研究范式,是否就公共管理的知识核心达成一致,是否形成了被大家广为认知的研究方法,这些方法是什么,从哪里获取从事研究所需要的数据资料等等。这些问题能否解决被认为是能否有效回应关于公共管理研究范式相关争论的关键所在。

以库恩对范式标准的界定为基础,蓝志勇教授等学者们对上述提到的问题进行了深入分析和研究。研究认为,首先,共有范式的确定对于某一科学领域研究工作的开展来说具有积极作用;其次,确定研究范式的时候可以将库恩提出的范式应具备的两个特点作为参考,针对同一问题,基于上述标准确立的范式能够指导学者们提出诸多有效解决方案;再者,相互之间存在竞争关系的范式可以分别聚集一批研究者从事同一学术领域中不同研究方向的相关研究工作;最后,公共管理领域关于研究范式的争议和不确定并不能否定领域内现有引导性研究活动的价值。

在对范式概念有了初步了解的基础上,学者们进一步深入研究。在该研究中,学者们选择了八本权威学术期刊,选择其中发表时间在1993—1995年间的634篇文章,对其进行内容取样、编码和文本分析,得出如下结论。

关于政府或公共部门的研究占据了公共管理领域绝大多数研究活动,相关研究成果构成了公共管理研究内容的重要组成部分。然而,以私有机构、个人和其他等非政府的相关问题为研究主题的所占比重仅为3.8%,也只是在与公共部门问题的对比中有所提及。按照之前库恩提出的范式所具备的两个标准来看,在公共管理领域,已经吸引了一批科学共同体,并在开放的系统中开展科学研究活动。由此可以得出,公共管理领域的研究活动是在确立的公共管理研究范式下进行的,通过研究活动解决存在于公共管理实践中的问题,以达到提升公共服务的目的。在公共部门和私有部门的区别方面,虽然理论界存在很多分歧,但是学者们普遍承认公共部门区别于私有部门的最大差异就是其具有公共性。此项经验研究认为,政府研究代表的就是公共性质的研究,公共管理领域的学者们已经有意无意地在这个范式的指导下工作,他们代表了一群把提高公共部门职能表现、解决公共部门问题作为合法研究要点的持续的研究者。

另外,不同级别的范式共同构成了范式的框架结构。范式的框架结构由一级范式、二级范式和三级范式组成,其中公共性属于一级范式。二级范式是在一级范式指导下不同研究者所进行研究的不同领域,而三级范式则是对应于不同二级范式的问题类型,具体如图4.1所示。在图4.1中,发现公共性质为一级范式,在其下面列出了该范式可以指导不同研究者开展不同研究的领域或者不同追随者依据各自认知而追随的理论框架,如经营、政治和司法等。

通过上述研究发现,公共管理研究领域存在知识核心,但是每个研究者所追随的理论框架却不尽相同。由此可以得出,对于公共管理领域的学者而言,相对于学者们自身的科学素养,即如何清楚地表达相关知识理论和正确理解应用相关研究方法,关于知识核心的争论意

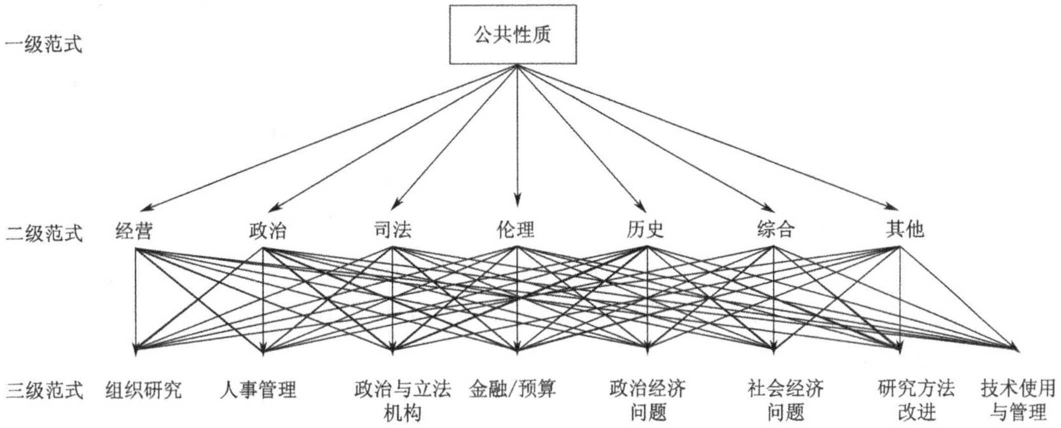

图4.1　公共管理范式的框架结构

义并不是很大,反而正是由于公共管理领域学者们所追随的不同研究范式的存在,在不断推动公共管理的发展。

4.2.2　范式的演变历程

范式往往与当时的社会条件等因素是吻合的,继而以社会发展时间轴为视角成为公共管理领域一些学者对范式进行研究的切入点,认为随着国家的出现便有了公共管理研究范式。伴随着从前工业社会到工业社会再到后工业社会的发展,与社会形态相对应,公共管理领域的研究范式也已经发生了三次转换,从统治行政、官僚制行政逐渐转变为了服务行政。

根据这些学者们对范式的理解,范式就是存在于所有科学共同体成员之间的一种共同信念,这种共同信念决定了成员们从事研究所依据的基本理论、运用的基本方法和手段等,是学者们分析、解决问题的基础和前提。

1. 前工业社会与统治行政

公共事务管理是伴随着人类社会的出现而产生的。在原始社会,存在于氏族中的重大问题是由氏族大会决定的,通过氏族大会选举出的酋长负有管理日常事务的职责,并且要保持个人或家庭与社会公共利益之间的平衡,这是民主管理的一种最初形式(马克斯·韦伯,2004)。社会在不断进步和发展,伴随私有制产生,出现了贫富分化现象,并且越来越严重,加速了阶级的形成,之后,随着阶级矛盾日益深化、阶级冲突趋向激化,原始社会的民主管理模式已不再能够解决现实问题,已不再能够满足当前社会的需要。适逢其会,能够有效处理阶级问题和矛盾的国家管理模式诞生了(褚添有、潘秀珍,2008)。

国家这种统治工具的诞生进一步推动了社会管理向政府管理的转变,然而伴随社会的进步与发展,现在的政府管理已经大不同于原始社会时期的民主管理,而是处于统治地位的阶级借助国家这种工具对社会进行管理。这时候,国家就是自给自足型组织向剥削型组织转变的必然产物,相应地,存在于国家下的机关也已经不再为维护人民和社会利益而服务,更多地变成了统治阶级借以统治人民的机构组织(马克思、恩格斯,1995)。为此,我们将这一时期的公共事务管理称为统治行政,表现为统治阶级的统治功能,表现为统治阶级为追求自身利益最大化、巩固统治阶级地位,借助国家这一统治工具,运用专断方式对人民实行专制管理。

毋庸置疑,与当时社会条件相适应的统治行政能够推动社会、经济向前发展。但是,伴随社会经济不断发展,统治行政必然会陷入无力解决公共管理问题的困境,也就是说社会的进步与发展会使统治行政遭遇范式危机。在统治行政管理模式下,统治阶级在无休止地追求自身利益最大化的同时必定会忽视对社会利益、个人或家庭利益的关注,就会造成社会利益、个人和家庭利益之间的彼此失衡,长此以往,先前作为统治工具的国家的性质将会发生改变,逐渐成为统治阶级剥削人民的机器,最终出现贫富极端分化的现象,剥削统治下的人民无心、无力投入工作,使得支撑经济社会发展的商业、手工业等日趋衰落,使得社会经济发展停滞不前。由此可以看出,伴随着社会的发展,统治行政将会成为社会发展的重要障碍,同时,这种专制的管理模式也会陷入危机。

一些学者们率先认识到了统治行政的不足,便开始研究和批判专制统治下的意识形态等内容,在人本主义和民主主义影响下,着手设计并提出针对未来社会的先进管理模式,这给传统统治行政带来了巨大挑战,使其真正感受到危机的降临(褚添有、潘秀珍,2008)。

2. 工业社会与官僚制行政

受先进思想启蒙,长期处于统治之下的人民大众在资产阶级带领下发动资产阶级民主革命,以期达到推翻专制统治的目的。近代代议制民主政治制度在人民大众取得资产阶级民主革命胜利之后得以确立,并明确了公民参政等四大原则,作为国家的主人,人民大众才是真正的国家管理者,政府只是接受人民大众委托代为管理社会和处理公共事务,政府须在人民大众的监督下,采用适当方法,运用恰当工具,将人民大众的意愿体现在相关法律制度的制定过程中,并依此对社会公共事务进行管理,同时要为民众参与社会治理留下充足的空间。然而,在相当一段时间内,受多种因素影响,统治者为巩固自身地位,在人民大众参与社会管理的过程中,却设置了诸多限制性条件,使得人民大众越来越远离社会管理,法律赋予民众参与社会管理的权利和义务在实践生活中很大程度上受到了严重束缚。因此,从某种意义上来讲,近代政府对社会、公共事务的管理依然带有一定的强制性和统治性。但是,近代民主制度的确立有效削弱了传统社会管理模式的统治性,取而代之的则是富有公共性的更为民主、更为法制的管理方式。

伴随社会的不断进步和发展,追求理性逐渐成为了工业经济社会的主流价值取向,当然,政府所采取的社会管理方式也要奉行经济和效率为先的原则,从而去适应资产阶级的要求。在经济、效率原则指导下,分工越来越精细的大工业经济为工业社会的经济发展营造了良好环境,如确立稳定的法律体系,建立合理的行政体系,建设公共基础设施等等,这些基本条件的确立和完善为以权威和理性为核心的官僚制行政的出现奠定了基础。处于官僚制行政管理模式下的市场经济运行更加有序、更加充满活力(罗伯特·A. 达尔,1997)。以专业化、职业化和层级控制等为核心的官僚制行政是建立在官僚制理论、科学管理理论等法理基础上的,追求经济和效率,借助民主、法治的运行机制,采用法治管理方式,对社会事务进行管理。

随着时间的推移,官僚制行政的弊端不断凸显出来,也陷入了范式困境,存在于政府自身的诸多潜在问题成为了官僚制行政遭遇范式危机的主要诱因，如政府权力扩张、规模膨胀、机构庞大、服务效率低下等。此外，科技革命、信息革命也在不断推动经济社会向前发展，逐步实现向后工业社会的演进，宏观经济、社会环境的变化不断激发民众潜在的权利意识，民众自我参与的意识不断提高。这也是迫使官僚制行政转变的重要原因之一，同时也是导致该行政模式遭遇范式危机的重要因素，这也就暴露了官僚制行政的根本缺陷，就是没有建立相应的法律制度和行政机制，以便推动实现社会变化和人民需求之间的价值平衡。

3. 后工业社会与服务行政

自20世纪七八十年代开始，受新右派思想影响，开始于西方发达国家的政府改革运动，不断扩大范围，在全世界范围内掀起了政府改革的浪潮，这就是新公共管理运动。伴随新公共管理运动的发展，严格意义上的公共管理逐渐成形。对于西方国家的政府等公共部门来讲，长达二十多年的政府改革为其带来了根本性改变，类似于企业的以顾客为核心的服务导向在政府等公共部门中逐渐得到了确立，政府一改以往高高在上的姿态，以公民为核心，及时了解民众需求，并通过采取采购公共服务、分权化等有效措施来使公民得到满足。政府改革从本质上改变了政府在社会管理中所扮演的角色和身处的地位，由管制主体转向服务主体，由高高在上的统治者变为脚踏实地的服务者。以追求公民满意为宗旨的新公共管理使得公民至上、服务至上的理念在公共管理领域得到确认，开启了一种全新的公共管理模式，“以人为本”成为了这种新兴服务模式的核心所在。新公共管理运动真正展现了政府和公民之间的委托代理关系，真正赋予了公民作为国家主人的权利，符合人性而且有助于实现人的全面发展。新公共管理正是由于具备了上述特点，以服务为导向的公共管理范式才能在未来指引公共管理的发展方向和趋势。

服务行政模式是在新公共服务理论和公共服务型政府理论的基础上建立起来的，是人类社会由工业社会转向后工业社会过程中产生的一种范式，奠定了公共管理领域未来范式发展的基调。服务行政主要包含以下内容。

(1)作为人民大众的代理者，政府的主要职责是服务公民、服务社会。随着公民国家主人地位的确立，法律制度赋予其参与社会管理的诸多权利和义务，政府要去除先前官僚思想，改变以往管理控制的旧办法，采用一些新的技巧和方式，担当好组织者、协调者等相关角色，履行好服务职能。

(2)服务行政范式指导下的公共管理活动是以追求公共利益最大化为目标的。

(3)服务行政范式要求战略性思想和民主性行为的相互统一。首先政府要放远眼光，基于长远发展考虑，统筹安排政府的社会管理活动。其次，政府要为民众参与社会管理搭建通畅渠道，加强公众参与意识的培养，使其能够积极有效地参与处理公共事务。

(4)政府服务要区别于企业服务，明确公民是政府的服务对象，这就要求政府雇员不但要能够快速响应民众服务需求，更为重要的是要建立起与民众之间的信任关系。

(5)重视对责任的认识，认为责任并不是简简单单地为政治家负责而已。

(6)政府管理活动要以人为中心，而不是过分关注生产率这一衡量标准。对于政府而言，培养政府雇员的责任心、奉献精神和公民的公民意识比控制人的外在行为更能造就高效率的行政管理行为。此外，公民的价值和利益也是政府开展公共管理活动过程中所必须关注的重要因素。

(7)由于政府和企业所关注的最终目标是不一致的,因此,对于政府管理活动而言,公民权和公共服务则更为重要,相对企业所担当的角色,政府更像是公共事务处理过程中一个重要的、负责任的参与者。

在服务行政模式下,政府与社会要相互合作、共同治理,与民间要积极开展对话和信息交换活动。政府的公共管理活动始终要坚持以公民为中心,通过共享权力、鼓励公民参与、合作治理等方式,力争使政府管理行为达到公平、民主、政治和责任的相互统一。政府要转变对待公民的认识和态度,将其当作在公共管理活动中政府的重要搭档,而不再是站在政府对立面的管理对象,平等看待公民作为公共管理重要参与者的身份,正确把握政府自身在公共管理活动中的定位,更多地承担服务公民的任务。此外,还要正确处理好服务与管理两者之间的相互关系,虽然服务占据了公共管理的主导地位,但是管理依然是政府高效开展工作所必不可少的一部分,并且管理不能超越服务而存在,只可以作为服务的一部分,政府职能中管理的存在只是为了更好地服务公民、服务社会。随着公民自身参与意识的不断提高,重视公民参与的服务行政必然会引领公共管理领域学者们深入开展相关研究,努力探求公共管理问题的解决之法,积极摸索政府服务公民和社会的高效方式。

4.2.3 范式的三次转换

作为国内公共管理领域知名学者,陈振明教授对西方政府管理研究领域范式的发展和演变历程进行了深入研究,总结得出,该领域范式的发展是一次系统的演变过程,经历了公共行政学到新公共行政学再到(新)公共管理学的三次转换,囊括了各大研究学派的研究成果。陈教授对范式的研究虽然继承了以时间轴为视角的研究方法,但是也颇具独特之处,他从公共管理学科的诞生开始,以学科发展的脉络为主轴对公共管理研究范式进行研究总结。

1. 公共行政学范式

在政治学科发展新方向和政府改革运动、科学管理运动的双重影响下,公共行政学传统逐渐成形,《行政学研究导论》和《公共行政学原理》的出版是其正式形成的标志,这两本著作对当时公共行政学研究的状况和传统进行了总结。其中,《行政学研究导论》中在效率为先的行政管理的重要性得到肯定的基础上,确立了行政法规、人事行政等行政学的研究主题,构成了公共行政学基本理论框架的主要内容。而《公共行政学原理》则将研究的重点聚焦在了财政预算、物资管理等与公共管理活动密切相关的内容上面。在公共行政学范式指导下,公共管理研究领域逐渐形成了诸多学派,如威尔逊学派、行政管理学派等等,这种范式占据主流的状况一直持续了近30年。

马克斯·韦伯、威尔逊等人开启了西方公共行政学的思想源泉。在《行政学之研究》中,威尔逊提出要建立独立于政治学的行政学,自此西方公共行政学的研究传统正式开始,对行政学研究理论具有重要贡献作用。针对行政学的研究内容,威尔逊认为必须做到以下三点:第一,要考察该领域中前人所做过的历史研究;第二,要明确研究主题;第三,要明确研究过程中所使用的方法和政治概念等。

作为西方公共行政学思想的又一重要来源,官僚制度理论对以正式政府组织及其结构形式为研究重点的传统公共行政学影响较大。马克斯·韦伯认为官僚制是一种以合法性统治理论为基础的金字塔形组织结构，其核心内容就是层级制，具有分工、分层、集权等特性。相应地，官僚组织所具有的特性是十分明显的，主要有：以合法的形式赋予了每个职位相应的权利和义务，以权利层级原则为指导形成了由各种职位组成的指挥链，以组织成员通过考试、培训获得的技术资格来为其分配相应职务，以制定的规则、纪律或程序来约束所有行政人员，以任命的方式将所有成员安排到工作岗位上，以职业管理人员的规则来管理行政人员，如为其发放固定薪金等。

另外，科学管理学派也为公共行政学传统的形成和发展贡献了自己的力量，其创立者泰勒的《科学管理原理》最为典型。泰勒认为只有具备了以下四个方面的要素才能称之为科学管理：第一，采用了科学的研究方法；第二，按照科学的程序为组织选拔、培训和开发员工；第三，加强与员工合作，督促其始终按照科学的方法开展工作；第四，在科学管理原则的指导下，科学进行工作规划，平等地为管理者和员工分配任务。根据科学管理四要素，泰勒在思想观念、管理原则、激励机制等方面展开积极探索，以便高效地推动科学管理原则的实施。受科学管理思想影响，行政学者在公共部门的组织和运行中综合运用了管理职能和科学管理等管理原则。针对政府等公共部门，为了实现降低成本和提高工作效率的双赢局面，一些学者曾尝试将在私营企业中产生良好效果的管理方法和原则引入到公共事务处理过程中。

以法约尔为首的行政管理学派研究的重点在于针对管理者形成一套行为准则，作为管理者开展管理活动的理论支撑。与以追求高效率的经营管理为目标的科学管理学派不同，行政管理学派则重点研究组织中较高层级的管理问题。结合实践经验，在《工业管理与一般管理》中，法约尔提出了针对管理者的14项管理原则。

(1)劳动分工。

(2)权利和责任之间存在着互为因果的必然联系。

(3)纪律，即个人必须服从和尊重组织。

(4)统一指挥。

(5)统一领导。

(6)个人利益服从整体利益。

(7)企业不能随意剥夺雇员应得的公平回报。

(8)集权。

(9)尊重层级关系和保持行动相互配合以便高效地处理问题。

(10)秩序，即按照事先计划合理安排人和事。

(11)公平。公平意味着平等相待，但并非相同地对待。

(12)人员的稳定，即要根据需求有计划地分配和引进员工。

(13)管理者应当允许并且鼓励员工表现自己的首创精神。

(14)组织所有成员要团结一致。

陈振明(1999)认为公共行政学的传统主要由以下四项基本内容组成。

(1)公共行政学的主要研究对象是正式的政府组织机构，研究方法以制度和法理为主。由于公共行政学最先是政治学的重要组成部分，所以公共行政领域学者继承了政治学的研究对象和研究方法,也是采用制度研究方法针对官僚体制展开研究,而关于非正式组织相关问题却很少涉及。

(2)公共行政学的理论基础是政治—行政二分法。现实中,政府是由两大领域组成的,其一是政治领域,涉及政策、法律等的制定职能,如通过投票等民主程序收集民众意见等;其二是行政领域,涉及政策、法律等的执行职能。行政学将政府履行执行职能过程中所涉及的机构、程序等作为其研究对象,该领域的学者认为政策、法律法规的制定缺乏过程特质,而公共行政学却具有这种特性,因此这些学者往往习惯于将公共行政学融入行政机构和程序中一起进行研究。

(3)公共行政学的研究重点是探索行政管理的原则。在行政管理作为一门独立学科不断发展和科学管理学派追求管理原则的双重影响下,行政管理领域学者们认为,和其他管理领域一样,在行政管理领域也同样存在着指导该领域学者开展研究工作的相关原理和原则。

(4)公共行政学的价值尺度是效率先导。无论是对于传统行政学的相关理论还是对于科学管理原理而言,存在于不同学派研究者之间的共同点是均以提高管理效率作为自身研究的最高目标。具体到公共行政领域,效率先导的原则依然适用,公共行政管理也是以效率为价值尺度的。

纵观上述各学派,学者们虽然大致确定了公共行政学的研究范式,肯定了早期公共行政学的研究成果,但是仔细观察发现,依然存在一些缺陷和不足,如只采取了静态的研究方法;过度关注正式组织机构,反而忽视了对非正式组织的研究;将本质上存在一定联系的政治与行政割裂开分别进行研究;过分推崇效率先导的原则等等。随着时间的推移和社会的进步与发展,学科自身也要追随社会潮流向前发展,与先进社会相比处于落后地位的公共行政学的传统必然会遭遇发展危机,宏观环境的变化和学科自身内在的发展需求都将会迫使其发生改变。

2. 新公共行政学范式

20 世纪 30 年代末,行为主义研究方式越来越多地受到学者的青睐,受这种研究方式的影响,罗伯特 · 达尔和赫伯特 · 西蒙逐渐开始批判形成于 20 世纪二三十年代自身存在诸多不足的传统公共行政学,这为行政学带来了转变的新机遇。

在《公共行政学的三个问题》中,达尔认为在学科发展的长河中,公共行政学的传统将会遭遇三大难题的考验。一是存在于公共行政学与规范价值之间的关系问题。在传统的公共行政研究领域,学者们所采取的政治—行政二分法和所遵循的效率为先的原则均不考虑价值因素,也就是说,传统的公共行政学不以价值为研究内容。然而,现实情况并非如此,公共行政领域所有的科学研究必须以某些确定的价值为前提,价值必须作为研究内容存在于公共行政学相关研究中。对于公共行政学这门独立存在的学科而言,与纯粹的管理问题相比,学科中的基本问题所涉及的范围要更广泛;与私人管理学相比,在伦理考虑的脉络背景中解决公共行政问题是公共行政领域难以回避的事实。二是存在于公共行政学与人类行为之间的关系问题。在传统公共行政学中,构成行政组织的个人、团体等因素被当作“物质”来对待,这无疑将会受到“公共行政学是对人类某些方面的行为进行研究”这一现实的强烈抨击,如何处理公共行政学与人类行为之间的关系将会成为摆在相关学者面前的一大难题。

三是存在于公共行政学与社会环境之间的关系问题。由于缺乏对社会背景的认识,传统公共行政学违背了公共行政要与社会环境相适应的原则,在不具备理论应用条件的情况下,反而根据相关理论提出了一些行政原则。

在《行政谚语》这篇文章和《行政行为》一书中,西蒙对公共行政学进行了批判,批判的焦点主要表现在如下方面。第一,批判传统行政学,尤其是行政管理原则。西蒙认为,关于行政原则,其自身存在一致命缺陷,这种原则总是成对出现,分别批判传统公共行政学者们所提出的专业化、命令统一、管理幅度和集团化四条原则,清楚阐明了这些原则之间矛盾的内容。第二,批判传统行政学中的政治—行政二分法。西蒙站在行为主义的立场上,从事实与价值的视角出发,对传统公共行政学的研究方法进行了批判。他认为,不能将政治与行政割裂开来,因为,政治行为与行政行为存在着某种必然联系或共同交集,价值和事实两种因素在政治问题与行政问题中均有所体现,只不过是占据主导地位的因素不相同罢了。其中,价值因素在政治问题中占据主导,内涵在立法者身上的价值是政策正确与否的判断标准。而事实因素却主导了行政问题,客观事实存在与否成为了衡量决策正确与否的关键所在。基于传统公共行政学政治—行政二分法的批判,西蒙曾尝试建立新行政学理论,该理论的核心内容是建立在决策过程的基础上的。他认为,由于行政原则是一种单纯朴素、缺乏现实性的规范性理论,因此,其只能解决一些表面问题,而在分析处理存在于政府组织中的那些根本性问题方面却力不从心,只有能够从本质上帮助解决实际问题的规范才能在行政管理的实践活动中发挥真正作用。建立在“决策”这种统一概念框架基础之上的行政研究才能称为描述性科学,现代行政学以能够形成可以指导合理决策的原则为宗旨,研究对象更多地已经从一般行政机构转向了以决策过程为核心的行政行为方面,并且为了能够搭建起描述性的行政学理论体系,现代行政学更多地倾向于对事实问题进行研究。在《行政行为》中,具体分析了传统公共行政学在研究方法和研究主题方面的一些不足和缺陷,在此基础上,在对以决策过程为核心的行政行为的研究上引入科学方法论加以指导,大量运用社会学、心理学等其他相关学科的研究成果,实现了行政学研究从单一学科向交叉多学科的转变,为能够搭建起支撑行政学研究的理论体系而奋斗。虽然,在转变传统公共行政学研究方法和研究内容上,西蒙贡献了很大精力,但还是继承了许多早期公共行政学的原则和理论,并未能够实现公共行政学研究范式的全面转换。

1968年,沃尔召集公共行政领域的一群青年学者在锡拉丘兹大学(Syracuse University)的明诺布鲁克(Minnowbrook)会场,召开了以明确公共行政相关问题和推动学科改变为主旨的研讨会。其中,最能代表这次会议研究成果的是《走向一种新的公共行政学》,在这篇文章中,弗雷德里克森清楚地表述了新公共行政学的基本观点:第一,对研讨会上属于新公共行政学的观点进行了总结;第二,对新公共行政学与行政思想、实践之间的关系进行了探讨;第三,对存在新公共行政学和组织理论彼此之间的影响作用进行了解释。代表新的研究范式观的《新公共行政学》和政策科学的产生不仅是对传统公共行政学主导地位的终结,更开启了政府管理领域新的研究范式的形成和发展。作为新公共行政学派的代表人物,德怀特·沃尔多和乔治·弗雷德里克森认为公共行政学是建立在公平和民主的基础上的,明确认识到了存在于政治与行政之间的相互关系,主张以民主主义为核心内容的行政模式,延展了公共行政学的研究领域。以公平为核心的新公共行政学抛弃了传统行政学的一些理论和内容,如没有经验证据依靠的政治—行政二分法这一研究方法。在实践中,管理者不仅是行政执行者,同时也是政策、法律法规的制定者,实践证明政治与行政之间是相互连通的,因此,新公共行政学者认为,管理者不应该在公共管理中保持价值中立,而应该将他们对管理与社会公平的承诺作为处理公共事务实践的目标和理论指导。

渴望变革的新公共行政学更希望以灵活性组织机构来代替稳定性的官僚机构,更期望打破那些阻碍实现社会公平的规定和机构,通过组建更富有活力和更能适应外界环境变化的组织结构去更好地兑现对社会公平的承诺。强调"社会公平"的新公共行政学是一种民主的行政理论,这种理论指导下的公共管理问题处理方式更多地以分权、下放权力等被人民所熟知。在新公共行政学者们看来,新公共行政理论与官僚行政理论是作为公共行政学的两种基本理论和模式而存在的(奥斯特罗姆,1994)。

新公共行政学的产生是对传统行政学批判的继承和发展,推动了公共行政领域研究范式的一次转变。然而,由于理论连贯性不足等原因,新公共行政学并未能完全推翻传统公共行政学。伴随新公共行政的出现,建立在政策科学或政策分析思想基础之上的政策科学或政策分析研究也逐渐开始流行,政策科学的拥护者针对政策制定系统与过程开展的研究弥补了传统行政学官僚体制、政治—行政二分法等方面内容的不足,久而久之,逐渐形成了一种新的研究范式——政策科学范式,这也是取代传统公共行政学成为主流研究范式的替代者之一(陈振明,1996、1997)。

3.(新)公共管理学范式

在社会科学发展和公共管理实践的双重驱动下,以解决政府等其他公共部门的管理问题为宗旨的新公共管理运动在美国兴起。新公共管理运动综合运用各种相关知识和方法,为迎合公共管理的实践发展诉求,期望针对公共管理创立一个新的知识框架。

新公共管理是一种以顾客为中心的管理主义,旨在通过运用先进的理论、采用先进的方法,以提高服务顾客的质量。在新公共管理中蕴含着两大核心理念。

1)自由化管理

在管理主义看来,高度专业化、贯通管理方式和拥有信息是公共管理人员所必备的基本素质。但是在政策、法律法规等相关制度的束缚下,这些公共管理人员难以最大限度地发挥其才能,办事效率被人诟病。因此,为了提高公共管理人员的工作效率,要倡导自由化管理方式,解除捆绑在管理人员身上的制度约束,引入职业管理者参与公共部门的管理和活动。

2)市场化管理

市场化管理模式具有两个最为明显的特征。

(1)竞争,这是推动绩效改进的有效举措。在公共部门中,建立内部市场,使得彼此之间形成竞争关系,公共部门为了存续和发展,不得不通过改进管理方式等举措来提高部门的工作效率,进而不断优化和提升公共部门效率。

(2)私营部门管理的普遍存在。按照新公共管理的思想,能够在私营部门发挥作用的管理实践和技术可以复制到公共部门中去,并且在私营部门的成功经验可以为公共部门运用这些实践和技术提供指导。

在新公共管理理论中,行政主张主要由以下内容组成:职业化的管理趋势,科学标准的绩效管理体系,顾客至上的服务模式,分权、分散化的运行模式,引入竞争和私营部门的管理实践和技术等等。

由于缺乏统一的理论基础,新公共管理者并未就公认的研究范式达成一致。但是,在拓宽政府管理研究领域方面,新公共管理者取得了很大成就,开创性地提出了一系列研究主题。学者们以公共利益为核心对公共部门与其经济效益之间的关系进行研究,旨在解决"提供公共利益和服务时,除了拓宽和完善官僚机构之外,其他机构也可以提供所有这些职能"这一中心问题。此外,新公共管理者运用一些区别于传统行政学的全新思路来正确处理政府与市场、政府与企业、政府与社会之间的关系。新公共管理的出现给传统行政学带来了颠覆式挑战,摒弃了传统的研究方法和理论依据,并取代传统行政学开始主导公共管理领域的相关研究活动。

作为当代政府等公共部门管理研究的新思潮,公共管理学具有很多崭新之处,不仅对西方学者在公共部门管理领域的最新成就进行了总结,而且预示了未来公共管理实践发展的趋势,发生在西方国家的自由化、市场化和社会化的政府改革就是对公共管理学基本精神的具体体现。

然而,作为一种尚未完善的新理论,公共管理学在自身的发展过程中也经常会遇到一些难题,如学界争论的焦点主要集中在公共管理学并没有自己成熟的理论框架和范式。一些学者尖锐地对公共管理学理论进行了批评,认为其中存在许多问题,如忽略了管理公共部门与私人部门之间的不同,尚未考虑存在于政治与市场过程间的差别,过度地运用经济学途径去开展研究,在其顾客至上、绩效管理等一些核心主张上面也存在理论的缺陷和一些实践问题的不足等等。此外,各方面均对公共管理学运动进行了批评,如其主张的公共部门私有化是以牺牲其服务职能、放弃兑现社会福利责任为代价的,片面地将运用在企业管理实践中的方法和技术引入到公共部门管理中等。面对这些来自各方面的批评,以林恩为代表的一些公共管理学者对其进行了反驳,如胡德(Hood C,1995)、波利特和鲍克特和蔡立辉等。他们从范式的概念出发,认为托马斯·库恩最初将典范定义为能够为利益共同体解决典型问题提供方法的研究成果,换言之就是,发生在世界各地改革模式的变化并没有导致新典范的产生。

当然,也有不同于库恩的观点存在,如欧文·休斯认为由于库恩对范式并未给出清晰定义,因此前述林恩所表达的观点是对库恩的误解,并指出,竞争性范式可以同时存在于同一研究领域中。譬如,当前的公共管理领域,传统公共行政和新公共管理这两种存在竞争性的范式是同时存在的,但是两者之间存在一些明显的差别。第一,两种范式是分别建立在不同理论依据上的。传统公共行政以政治一行政二分法、官僚制和科学管理为理论基础,而经济学理论和私营部门管理理论是新公共管理形成和发展的依据。第二,两种范式研究重点有所区别。相比而言,传统公共行政更注重对过程的研究,新公共管理则更关注结果。第三,两种范式所采用的管理方式不同。传统公共行政在提供公共产品的时候多采用官僚制形式,而新公共管理则是通过市场化方式,采用在企业中具有良好表现的管理实践和技术来满足民众对公共产品的需求。

此外,一些评论家们认为,新公共管理范式下的变革过分强调效率为先,忽视了对公平、公正等公共管理价值目标的考虑。来自于各方的对新公共管理运动的批判正好揭示了新公共管理研究的不足与问题,这也为探索新的公共管理范式提供了借鉴和参考。随着新公共管理理论的逐渐盛行,学者们提出了“新管理范式”(New Governance Paradigm),以期在公共管理活动中引入民众和网络化管理方式,实现对公共部门的重新定位。另外,于 1995 年由 Moore 提出的公共价值(Public Value)理论,也引起了学者们广泛关注,也可能成为新公共管理的另一种选择。

4.2.4 公共管理准范式观

根据前文的阐述,可以发现学者们关于公共管理研究范式的争论各执一词。可以发现,按照库恩对范式的界定,管理学所谓的范式并不与之完全相符。在公共管理领域,也一直没有形成一套成形的、在一定时期内受到政府和学术团队公认的、占主导地位的模式。于是,有些研究者认为公共管理领域其实不存在严格的范式,但是存在准范式(Quasi Paradigm)(Nargesian A,Esfahani S A,Rajabzadehc A,2010)。准范式是相对库恩提出的严格的范式而言的。相对来说,从产生方式上讲,人们在科学研究中不知不觉地被范式引导来解决问题,从而自然接受某种范式的形成。而准范式则产生于人为制定的某些规则,从而使人们接受规则控制下的角色关系和行为方式。从消失方式上讲,某种范式的消失以另一种新范式的产生为基准,科学的发展就是产生范式转换。不同的是,即使社会接受了另一种新的准范式,先前的准范式可能依然存在,新旧准范式之间不存在替换关系。从目的上来讲,范式是用来指导人们进行科学研究的,是从事现实研究的指导原则。而准范式的主要功能是依据范式规则来规避争议(Struggle Obviation)。范式会随着非常规现象的出现发生范式危机,从而产生范式转换,所以范式可能不会在较长的时期内存在。而准范式是有可能一直存在的。

政府角色和政府管理基于公共管理准范式观的演进被分成了六个阶段。

(1)在 20 世纪 70 年代之前,类似于统治行政模式,在资历和世袭文化的影响下,政府管理相当于个人统治。在经济和政治上都占有绝对地位的统治阶级管理公共事务,实际上是形成剥夺、压迫被统治阶级的秩序。

(2)20 世纪 70 年代,传统公共管理模式下,官僚制行政体系一直在发挥作用,官僚主义等级体系要求建立中央集权、统一指挥、分工明确、职责分明的政府系统,但随着政府权力不断扩大,机构臃肿,人浮于事,行政效率低下,官僚制行政体系开始受到人们的质疑。

(3)20 世纪 80 年代,随着新公共管理运动的展开,私人部门的管理技术和方法被用于政府改革中,形成了政府改革的浪潮。管理自由化和市场化的思想在行政系统中得到发挥,提倡政府分散化、小型化、分权化,从而增强政府效率。

(4)20 世纪 90 年代,新管理范式出现,管理主义盛行,提倡建立企业家式的政府,在私人企业管理文化的影响下为公众提供成本小、效率高、有创新的政府组织。

(5)在 20 世纪 90 年代末,随着信息技术的发展,电子政务得到普及。在技术的引导下,政治文化和民主思想化不断在民众中发展,所以,民主与信息政府成为民众的要求。

(6)在 21 世纪的前 10 年及未来的发展中,政府管理者将面对充满着多样性文化和态度的更加复杂的世界。他们应该从现在开始,以全球化的视野,来面对新的局面。随着民主化的普及,公众参与意识不断增强,政府要为成为新型服务型政府做好准备。

4.3　公共管理研究范式争论的启示

4.3.1　社会科学范式特点

作为20世纪科学史上最为著名的科学史家和科学哲学家之一,托马斯·库恩提出的范式的概念是一个被广泛应用,但也同样被广泛误用的概念。因为,他在《科学革命的结构》一书中对范式概念所进行的阐述是基于自然科学的学科特点的,在自然科学严密的逻辑体系中,一种范式取代另一种范式往往暗含着从错误观念到正确观念的转变。譬如,现在已经没有科学家认为太阳是绕着地球运转的,也没有科学家会在此框架内进行科学研究。然而,社会科学却并非如此。社会科学范式更替的模式与库恩所说的自然科学并不相同。在社会科学中,某一学术领域中的问题往往因为拥有一些自身特点而得到研究者的青睐,在学术活动中,研究者只会针对自己所研究的问题选择他认为最合适的理论范式,而这和该理论范式在学术界的受欢迎程度并没有太大关系。同一种研究现象,社会科学范式能够从不同价值观和视角出发提供不同的分析观点,基本上每种范式都提到了其他范式忽略的观点,同时也都忽略了其他范式揭露的一些社会生活的维度。所以,本书同意前文中蓝志勇教授等学者关于范式的研究观点,认为在社会科学领域内,同一学科内部不同的研究范式是可以共存的,它们不一定是相互竞争的态势,而是处于共存共生的状态之中,为同一问题提供了不同的研究视角而已。而且,正是因为社会科学现象解释中存在"百花齐放"的特点,同一领域内不同研究范式的存在反而可以促进该领域的未来发展。

4.3.2　公共管理范式讨论

在公共管理领域内,通过对学者们观点的梳理,可以发现公共管理学科是拥有自己的研究范式的。但是,对公共管理研究范式的追踪应该站在更高的角度予以研究。"范式"不等于"范畴",不同的研究范畴可能处于同一范式的指引下。公共管理是以实现公共利益、管理公共事务为追求目标的,迄今为止的任何公共行政活动都贯彻和体现了一种意志。这种意志或者表现为统治集团或统治者个人的意志,或者表现为上升为国家意志的广大社会公众的意志。这种意志都是在公共权力的作用下,由以政府为核心的社会公共组织通过供给安排的方式来实现的(蔡立辉,2001)。自行政学从政治学中分离出来成为真正独立的学科以来,由共同体信念、研究模式或模型、基本概念和理论所构成的公共行政学范式便形成,并成为公共行政学研究的基础,所有关于公共行政学的研究都是在这个范式的指导下进行的(蔡立辉,2002)。

公共行政学经过几代的发展,从传统公共行政,到新公共行政时期以及之后新公共管理的出现,无论采用的是哪些手段和技术,无论公平和效率如何博弈,都是为了实现以政府为核心的公共事务管理的合理化。概括起来,公共行政(Public Administration)的基本理论包括以下这些特征。

(1)在主体上,公共行政是以政府为核心的公共部门、权威性机构、第三部门等社会公共组织的活动。随着社会的发展,公共行政主体正在从以政府为中心,向越来越重视非政府部分的作用转变。

(2)在内容上,公共行政包含着涉及协调人的行为和人的努力的广泛问题,必须明确地表达和执行公共政策,担负着提供公共服务和管理公共事务的职责,公共行政行为必须以法律为基础。

(3)在目标上,公共行政是在建立与维护公共秩序的基础上,实现公共利益,满足社会公众的需要。既包括了效率目标,也包括公共责任目标。不过在长期公共管理实践中,随着实践手段的不同,效率目标和公共责任目标存在博弈现象。

(4)在方法上,公共行政是综合运用管理的、政治的、法律的和经济的理论与方法,同时还广泛运用现代信息和计算机技术,以提高管理的能力与效率。

(5)在性质上,它不同于私人管理,它依靠建立和发展公共责任机制和社会公众的监督机制来保证公共行政增进社会的发展与环境的改善保障社会公平。

通过总结学者们的观点,可以看出,公共管理是公共行政中重视公共组织或非营利组织实施公共管理的技术与方法、重视公共项目与绩效的管理、重视公共政策执行的理论派别(蔡立辉,2002)。公共管理和公共行政在实施主体、活动内容和范围、目标等基本原则和管理理念方面是基本相同的。二者的差别主要表现在,公共行政强调规范性,公共管理更强调达到公共行政目的应有的运作过程;公共行政研究的管理过程主要存在于政治、法律层面;公共管理研究的管理过程范畴则主要存在于管理、经济层面。公共管理并没有超出公共行政学的特征范围,所以新公共管理并不能被称为一种新的范式转换。

4.3.3 公共管理范式的未来发展趋势

从公共管理学科发展和公共实践的现实需求来看,公共治理理论影响下的多元网络管理将成为未来的发展趋势。20 世纪 70 年代末以来,随着政府行政效率低下,财政负担严重和公众对政府的不信任等公共管理问题日益凸显,官僚制行政体制的有效性开始遭到质疑。并且,在长期的社会发展中,作为资源配置的调节机制,市场和政府都会存在失效的可能,产生各种危机。于是,西方学者在分析社会现实的基础上提出了治理的概念,试图通过治理来弥补政府和市场的调控缺陷,形成管理社会事务的协调机制。因此,公共治理理论是伴随着西方福利国家出现的管理危机和市场与等级制的调节机制发生的危机以及公民社会的不断发育和众多社会组织集团的迅速成长而出现的一种新型的公共管理理论(杨舒文,2009)。

近些年,我国政府也提出了社会管理科学化的口号,不断重视社会管理机制的创新和发展。可以说,经过政府改革浪潮的洗礼,人们的思维方式开始发生转换,公民参与意识不断增强,人的价值和地位越来越凸显。以公共治理理论为指导,重新调整国家与社会、政府与市场的边界和功能,是时代和社会发展的要求。公共治理理论是对作为传统公共管理理论的公共行政理论进行的反思和批判,其核心观点是主张通过合作、协商及伙伴关系,确定共同的目标等途径,实现对公共事务的管理。其主要内容如下。

(1)公共治理是由多元化的公共管理主体组成的公共行政体系。这些公共管理主体不仅包括政府部门,还包括诸如私营部门和第三部门等非政府部门的参与者。在对公共事务进行实际管理的时候,以哪些部门为主或者采取何种合作方式需要根据不同地区公民社会的发育状态来决定。

(2)公共管理的责任边界具有相当的模糊性。随着社会的进步,人们的思想水平也在不断提升,对于政府失效这一概念也理解得更加透彻。与此同时,由于非政府组织甚至个人在公共管理领域的杰出表现,部分公共事务的责任便被转移到非政府组织和个人身上。

(3)多元化的公共管理主体之间存在着权力依赖和互动的伙伴关系。所谓权力依赖是指参与公共管理活动的各个组织,它们都不拥有独立解决一切问题所需的充足知识和充足资源,它们必须相互依赖,进行谈判和交易,在实现共同目标的过程中实现各自的目的。伙伴关系主要有主导者与职能单位之间的关系,组织之间的谈判协商关系和系统的协作关系。

(4)治理语境下的公共管理,是多元化的公共管理主体基于伙伴关系进行合作的一种自主自治的网络管理。在这种网络化的公共管理系统中,参与公共管理的各方主体为了获得他人的支持和帮助,必须放弃自己的部分权利。对于社会组织和个人来说,他们放弃的是自己的部分经济自主权;而对于政府来说,它放弃的是自己的部分强制权(杨舒文,2009)。

(5)治理语境下的政府,在社会公共网络管理中不再是核心的角色,而是扮演着“元治理”的角色。“元治理”是公共治理理论重视政府在社会公共管理网络中的重要功能的另一种表述。公共治理理论认为,在社会公共管理网络中,虽然政府不再具有最高的绝对统治权威,但它承担着建立指导社会、组织行为大方向的行为准则的重任(杨舒文,2009)。

综观公共治理理论的基本内容,它不仅更新了公共管理的基本内容,拓宽了公共管理的参与主体,而且也丰富了公共管理的职能范围,充实了公共管理的方式手段。公共治理理论的基本价值观是对公共事务的科学管理,实现途径是合作与协商,这与以前公共管理研究范式下以政府为核心的公共管理是不同的,政府角色发生了重大变化。在公共治理的环境中,面对瞬息万变的国际局势、复杂的社会环境和先进的信息技术,政府和市场将不能够合理有效地统筹和调控资源。政府需要回归到它的本源,即公民的代理人,扮演起真正为公民服务的角色,公共事务管理“以政府为中心”已经让位于“以公民为中心”。这样的管理模式不仅符合人性而有助于实现人的全面发展,也符合时代和国际大环境的要求而有助于实现社会的全面发展。因此,公共治理理论支撑下的服务导向型公共管理范式代表了未来政府及其主导的公共管理发展的趋势。

第 5 章　公共政策评估方法沿革

公共政策是以政府为主体的公共组织，为解决公共问题、达成公共目标、实现公共利益，通过政治过程选择和制定，规范和指导有关机构、团体或个人的行动方案。公共政策的表达形式具体包括法律规范、行政规定或命令、国家领导人口头或书面的指示、政府规划等。公共政策作为对社会利益的权威性分配，集中反映了社会利益，决定了公共政策必须反映大多数人的利益才能使其具有合法性。因而，许多学者都将公共政策的目标导向定位于公共利益的实现，认为公共利益是公共政策的价值取向和逻辑起点，是公共政策的本质与归属、出发点和最终目的。

公共政策评估是评估主体根据一定的评估标准，通过相关的评估程序，考察公共政策过程的各个阶段、各个环节，对政策产出和政策影响进行检测和评价，以判断政策结果符合目标群体需要、价值和机会的预期程度的活动。在我国经济新常态发展背景下，国内外形势错综复杂，如贫富差距、住房、医疗、教育等群众生活压力导致社会矛盾越来越尖锐，我国公共领域问题逐渐突出，亟须政府采用公共政策工具对公共政策效果进行有效评估，对我国社会问题进行有效调节。因此，在目前阶段公共政策评估成为我国公共政策运行效果检验的重要手段，政策调整、修正的重要依据，重新配置社会资源的基本前提，构筑良好公共关系的有效策略，更是社会管理科学化和民主化的重要保证。

在实践活动中，由于公共政策评估方法的缺失，人们往往热衷于政策制定和政策宣传，却忽视政策效果的评估。20 世纪中后期，随着科学理论和实践的发展，公共政策评估作为政策分析不可缺少的重要环节，越来越受到各国的重视。20 世纪 30 年代，公共政策评估被应用到解决世界经济“大萧条”带来的经济社会问题的政策制定过程中，学者们利用公共政策评估工具对当时的罗斯福总统“新政”进行了评估；20 世纪 60、70 年代，随着计算机技术的应用，公共政策评估得到快速发展，被西方发达国家广泛应用于解决当时的经济和社会问题，公共政策评估结果对当时的公共政策进行了规模空前的干预。20 世纪 80、90 年代，为增强公共部门责任，西方发达国家对公共部门开展了行政改革运动，如追求结果，实施绩效管理等活动强化了公共政策评估工作的重要程度。同时联合国、世界银行、OECD 等国际组织也开始了政策评估工作。进入 21 世纪，为了使公共政策评估理论更加完善，学者们将运筹学、统计学、计量经济学、博弈论等现代分析方法引入公共政策评估领域，数理模型、计量模型等评估技术为公共政策评估研究打开了新局面。

在我国，由于特殊的国情和人情关系，下级对上级的评估一般都是好的，上级对下级的评估，一般也不自曝家丑，于是公共部门政策评估只能更多地被绩效评估代替，公共政策评估结果往往有失公允，国家教育、卫生、就业等各领域的政策和政府项目评估有失客观。因此，积极探索科学合理的公共政策评估方法，对公共政策进行科学、有效评估成为我国经济、社会改革所面临的亟须解决的问题。

本章主要分为五部分，首先是公共政策评估内涵的介绍，其次对公共政策评估理念发展进行梳理，再次对公共政策评估方法进行介绍，然后对公共政策评估发展趋势进行说明，最后给出公共政策评估的相关案例。

5.1　公共政策评估内涵

5.1.1　国外学者对公共政策评估内涵的研究

关于公共政策评估的概念，学者们进行了充分的研究。西方国家的政治学家和政府机构从不同角度对公共政策评估进行了说明，其中具有代表性的如奎德、古巴、林肯等人提出的观点。

E. S. 奎德认为，广义而言，公共政策评估是对一种价值的过程分析。狭义而言，公共政策评估是对一项正在进行计划的评估，即对正在实施计划的实际成效与其预期成效之间差异的精确衡量。

古巴和林肯（Guba，Lincoln）认为过去的公共政策评估可被划分为四个阶段，每个阶段公共政策评估都具有不同含义，第一阶段是公共政策测量取向的评估；第二阶段是公共政策描述取向的评估；第三阶段是公共政策判断取向的评估；第四阶段是公共政策利益关系人对公共政策的态度和意见的评估。

美国“都会研究所”对公共政策评估性质进行界定，他们认为公共政策评估应至少包含三个目标：一是对正在进行中的公共政策达成预期目标效果进行衡量；二是有效区别政策效果与其他环境力量的差异；三是通过对政策内容修正使公共政策效果得到改善。

综合西方政策学者和政策研究机构关于公共政策评估的观点，西方国家关于公共政策评估概括为：公共政策评估是依据一定的标准和程序，对公共政策过程的成效和公众回应加以判断、评定，并决定政策变化的活动。同时，公共政策评估过程包括规范、测度、分析和评价四个环节：规范的任务是建立公共政策评估的标准化程序，这是政策评估活动的前提；测度的任务是收集政策评估对象相关信息，这是政策评估活动的基础；分析是运用已搜集的信息，对公共政策实施结果进行评定，这是政策评估活动的核心；评价是针对政策运行提出合理的修正建议，这是政策评估活动的最终目的。

5.1.2　国内学者对公共政策评估内涵研究

国内学者对公共政策评估内涵同样做了详细的研究，学者们普遍认为公共政策评估是依据一定的评估标准和程序对公共政策执行效果的有效判断，是调整、修正公共政策内容的有力措施，其目的涉及对公共政策效率、效益、效能等价值的判断，提高公共政策决策质量，满足公共政策目标群体需求，保证公共政策最终目标实现等，同时学者们普遍认为公共政策评估是一种政治行为。

有的学者认为公共政策评估是依据一定的评估标准和程度，对公共政策达到的效率、效益及价值进行判断的活动，公共政策评估获得的信息为政策改进和制定提供了理论依据

(陈振明,2004)。

有的学者强调公共政策评估是指公共政策评估主体依据规范的评估标准和程序,对政策实施过程中的各环节及政策产出进行检测,评价其是否满足政策目标群体需求的行为(徐家良,2000)。

有的学者指出公共政策评估是政策评估主体依据一定的评估标准和程序,对政策系统、过程和结果的质量、效益和效果进行的一系列判断的政治行为,其最终目的是提高公共政策决策质量,保证公共政策目标实现(高兴武,2008)。

有的学者研究认为公共政策评估是依据一定的标准和程序,对公共政策的效率、效果等价值进行判断的政治行为,公共政策评估取得的信息为政策改进、制定提供理论依据(陈捷,王云萍,2003)。

在公共政策评估内涵研究过程中,有的学者专门对公共政策评估的评估内容进行详细研究,主要集中在公共政策评估具体应该包括对政策哪些内容进行评价。

有的学者明确将公共政策评估划分为三个阶段,即"事前评估—事中评估—事后评估"。事前评估是对公共政策方案的评估,预估公共政策内容的可行性,事前评估又被称为"预评估";事中评估是对公共政策执行过程的评估,具体分析公共政策执行过程目标达成情况,出现的问题及具体解决方案;事后评估是对公共政策最终效果的评估,主要考察公共政策最终问题解决程度和优化结果、政策成效,事后评估又被称为"后评估"(陈世香,王笑含,2009)。

有的学者将公共政策评估内容概括为四种观点:第一种观点认为,公共政策评估应包括对政策方案的评估,此时评估的焦点在于预测政策方案的预期效果,即公共政策的事前评估;第二观点认为,公共政策评估是针对政策环节的评估,即对政策内容的阶段性评估;第三观点认为,公共政策评估应贯穿于公共政策整个过程,包括政策制定、政策执行和政策结果,即对政策全过程的评估;第四观点认为,公共政策评估应发生在政策执行过程之后,是针对政策最终实施效果的评估,即政策的事后评估(谢明,2004)。

纵观国内学者对公共政策评估的理解以及国内公共政策评估实践,多数学者认为第四种观点最具有代表性。我国目前公共政策评估均属于事后评估,即以政策效果为核心,判断某一既定公共政策是否达到了预期效果,多大范围内达到了预期效果,政策执行实际效果和预期效果差距有多大,以此来决定政策的执行、终止、废除或修改后执行。

5.2 公共政策评估理念发展

5.2.1 "价值理性"和"工具理性"

随着计算机技术的发展,数学、统计学、运筹学、计量经济学、系统工程等科学方法逐渐被引入公共政策评估领域,尽管公共政策往往是评估主体依据一定的标准和程度进行的理性评估,但由于公共政策应用范围一直以来是社会领域的公共问题,公共政策的制定、执行及其效果检验缺乏自然科学领域严格的评价指标体系和评价标准,导致公共政策评估过程中存在着“价值理性和工具理性”选择的困境。

“价值理性”和“工具理性”由德国社会学家马克斯·韦伯提出。韦伯将合理性分为两种，即价值(合)理性和工具(合)理性。

根据韦伯观点，公共政策的价值理性在于公共政策的目标必须是无条件地以公共利益为主，以公众需求和满意为根本，这要求公共政策目标是纯粹的，同时选择了合适的方法去努力完成目标，不管最终结果如何，该公共政策都具有存在的意义；公共政策的工具理性在于，如果公共政策的目标是为了公共利益最大化，达到公众需求和满意，那么，任何为了达到这一公共政策预期目标的执行方式和途径都可以采用，而不必过度在意政策执行过程中相关利益群体的感受和精神价值。

相对于社会学家马克斯·韦伯的理论，公共政策领域专家认为单独的“工具理性”和“价值理性”都不能完成对公共政策的评估，只有将二者有机结合，才能对公共政策进行客观、公正的评价。二者的区别只在于评估过程中更重视哪一方面。选择“工具理性”的公共政策评估学者普遍认为，公共政策评估过程应该从技术和事实两个层面对政策进行评估，即在保持价值中立的前提下，采用一系列实证和技术，评估公共政策结果与政策目标的对应关系，验证政策的实际效果。因此，公共政策评估的重点在于政策结果实现程度，具体包括政策的效率、效益和效能等。

同样，选择“价值理性”的公共政策评估学者认为，作为政府对社会资源进行权威性分配的重要工具，公共政策的制定目标应更加注重其价值取向，而非纯粹的技术标准，如公共政策应更加关注其公平、公正、社会回应性等价值，而不是政策的事实。实际上，在公共政策评估实践中，虽然事先已经明确公共政策的价值取向是公平的、公正的，可以淡化公共政策的价值标准，但是依靠评估方法和技术进行评价时，依然无法避免公共政策价值标准的存在。原因在于公共政策评估是在评估主体的思想、理念和原则基础上进行的，该过程贯穿了评估主体个人的信念和价值追求。评估主体的价值偏好差异导致不同的公共政策评估主体有不同的价值判断标准。而且，随着时间、环境的变化，即使同一评估主体，其价值追求也会发生相应的转移。因此，公共政策评估的价值标准的构建应以特定的经济、社会环境、文化氛围等多元化价值取向为基础，否则政策评估结果将脱离实际。美国学者邓恩曾明确强调，如果公共政策评估结果是建立在评估者的价值标准之上，而非社会公认的价值标准，即使政策评估过程中大量应用了现代科学评估方法，如实验设计、问卷调查等进行量化评估，其最终只能是一种“假评估”。

近几年来，政策评估学者们对公共政策评估理念进行了进一步完善，对价值评估和工具评估进行了进一步扩展，如有的学者将公共政策评估标准划分为事实标准和价值标准两类，事实标准包括公共政策的投入产出比、成本收益比、公共政策目标实现程度、公共政策对社会的影响程度；价值标准主要包括公共政策是否符合公众利益诉求，是否能够有效提高社会生产力，是否能够促进社会稳定和维持社会正义(谢明，2004)。有的学者将公共政策评估标准划分为事实标准、技术标准和价值标准三个层次，事实标准包括政策效率、政策效益、政策影响及回应性四个方面；技术标准包括多样化、数量化和系统化三个方面；价值标准则包括社会生产力的发展、社会公正和社会可持续发展等方面的内容(徐家良，2000)。有的学者认为公共政策评估标准的科学体系中至少应包括三个维度:形式维度、事实维度和价值维度。形式维度主要指公共政策形式上的合法性,主要包括公共政策目标的明确性、内容的具体性、政策体系的一致性和公共政策程序的合法性;事实维度主要指公共政策结果的有效性,主要包括政策效果、政策效率和政策影响;价值维度指公共政策价值的合理,主要包括社会生产力、社会公正和人的全面发展。张润泽的核心观点主要将科学发展观理解成为公共政策的价值追求,成为公共政策评估的首要的核心的价值标准(张润泽,2010)。

5.2.2 公共政策评价标准

公共政策评估不仅有利于发现政策取得的成绩、存在的问题,而且有利于根据政策的执行情况及具体环境对政策进行及时的修改和修正。然而,公共政策的实施是否取得了预期的效果,是否达到了预期的目标,都需要采取一定的评估标准和方法来进行衡量,以保证公共政策的科学性、有效性。因此,公共政策评估标准的确立是开展公共政策评估活动的基本前提。但由于公共政策评估的标准不仅取决于评估目标和评估主体,还取决于评估技术和方法,同时公共政策执行过程复杂,运行过程中变量因素多样化,使得很难确定一套众所公认的政策评估标准。因此,国内外学者对公共政策评估标准提出了自己的观点。

国外学者萨齐曼(Suchman)将政策效果评估标准和政策执行过程评估标准相结合,提出了公共政策评估的五项标准:效果、效果的充分性、效率、工作量、执行过程;鲍斯特(Pollster)提出了政策评估的七项标准:效能、效率、充分性、适当性、公平性、反应度和执行能力;威廉·N.邓恩(2001)将政策评估标准分为六个方面:效益、效率、充足性、公平性、回应性、适宜性;帕顿和大卫·沙维奇(C. V. Patton, D. S. Sawicki)在《公共政策分析和规划的初步方法》一书中,运用巴尔达奇(Bardach)的类型学方法将政策评估标准归纳为四大类:技术可行性、经济与财政可能性、政治可行性和行政可操作性。

国内学者对政策评估也都提出了自己的标准。如陈振明提出五项标准:生产力标准、效益标准、效率标准、公平标准、政策回应度。台湾学者林水波、张世贤在《公共政策》一书中认为评价标准有八个方面:投入工作量、绩效、效率、充足性、公平性、适当性、执行力、社会发展总指标。

综合以上学者关于公共政策评估标准的研究以及我国公共政策评估实践,我们认为,公共政策评估标准有以下六类:公平、效率、效果、充分性、回应性和适当性。

1. 公平

公平主要指公共政策取得的效果与努力在社会中不同利益群体之间被公平、公正地分配。如社会收入、教育、公共服务、公共设施领域等公共政策的主要标准就是公平。公共政策作为政府权力机关分配社会资源的重要手段,其必须最大限度地考虑大多数人的利益,使得政策在满足大多数人的利益的同时,不能导致另一部分人的利益受损,即实现公共政策的帕累托最优状态。

2. 效率

效率是指公共政策产生的效果所耗费的政策资源的数量,通常表现为政策投入和政策产值比,用货币成本计量方法有单位产品和服务的成本,或者单位成本能提供的产品和服务的数量,用最低的成本实现最大的效益的政策被认为是最有效的。

3. 效果

效果是指公共政策实施前后给社会、政治、经济和居民生活带来的各种结果和影响,这种影响既包括直接影响和间接影响,又包括长期影响和短期影响。如果一项公共政策在预期时间内取得成就和良好的影响,那么,很明显这项公共政策是很成功的。反之,说明这项政策是不成功的。

4. 充分性

充分性指公共政策特定的效益满足引起问题的需要、价值或机会的程度。它明确了对政策方案和有价值的结果之间关系强度的期望。充分性标准可以通过四类问题来说明:固定成本—变动效益、固定效益—变动成本、变动成本—变动效益、固定成本—固定效益。充分性问题不可能通过任意地采用某一标准来解决。明确何种程度的效益和成本被认为是解决充分性问题的关键。

5. 回应性

回应性是指公共政策满足政策目标群体需求、偏好、利益诉求等的程度。公共政策回应性标准的重要性在于,即使该政策方案、目标和实施措施等满足了其他所有标准,如公平、效率等,但其结果可能仍然不能满足政策目标群体现实生活中的实际诉求,在政策目标群体中得到相应回应。回应性标准需要回答的问题是:公平、效率、充分性等标准是否真的反映了特定的群体的需要、偏好和价值观。

6. 适当性

适当性是指一项公共政策目标的价值与支持这些目标的前提是否一致。政策适当性问题不是单独分析某一个标准,而是与其在一起的两个或两个以上标准相关。在政策评估过程中,评估主体确定的标准可能是得到了公众的认可,如效率、公平等标准,而适当性标准提出政策评估主体必须综合政策实施环境,明确这些标准对于社会来说是否是适宜的。适当性标准在逻辑上优先于公平、效率、充分性和回应性标准。

以上政策评估标准对一般公共政策评估具有指导作用。但目前针对不同领域、不同层次的公共政策标准研究仍比较缺乏,所以,公共政策评估理论还有待深入分析。

5.3　公共政策评估方法介绍

5.3.1　公共政策评估发展

公共政策评估起源于19世纪30年代,自然科学家孔德认为,经验、事实是客观存在的,要认识和辨别客观存在,需借助科学、合理的研究方法才能总结、归纳社会科学理论,孔德的实证哲学观点开启了利用自然科学实证方法研究社会科学的先河。20世纪50年代,美国政治学家拉斯韦尔(Harold D. Lasswell)等人,创立了政策科学这门学科。他们认为公共政策的诸环节、诸因素之间存在着单一的决定关系和机械的因果关系,主张用自然科学的纯科学方法来研究人类行为,把经济学、社会学的逻辑实证方法论引入公共政策学;20世纪

60年代,在国防部的大力倡导和推动下,美国联邦政府各部门迅速地把系统定量分析方法,如投入产出分析、成本效益分析、加以推广实证主义研究方法得到广泛应用。

20世纪70年代,政策评价学者将价值判断、价值取向等纳入政策评价范畴,后实证主义逐渐取代实证主义成为政策评估方法发展的主流,评估方法也逐渐多样化;20世纪80年代,针对实证主义和后实证主义固有的局限,学者们用本体论和多元论观点对实证主义和后实证主义进行了批判,本体论观点认为社会系统是开放的、复杂的和动态演化的,人类对客观实在的理解是有限的,不能期望有一种完美的理论会涵盖与客观实在相关的所有问题;多元论观点政策评估应尽可能吸收各种方法论的要点,重新研究和构建一系列方法论,以促进人类自身开放系统的知识增长;20世纪90年代,政策评估专家开始注重工具理性和价值理性相结合,促使公共政策评估的两条技术路线走向了统一,即坚持事实与价值的结合来分析评估公共政策,后实证主义方法论成为政策评价领域的新的方法论。

随着公共政策评估重视度增加和计算机技术发展,学者们逐渐将运筹学、系统分析、数学、统计学、概率论、决策论、计量经济学领域的方法和技术运用到政策研究中,因此公共政策评估方法逐渐呈现多样化趋势。按照不同的标准,公共政策评估方法有不同的划分方法。

陈振明在《公共政策学——政策分析的理论、方法和技术》中将政策分析过程分为问题界定、标准设立、方案搜寻、结果预测、方案抉择、政策执行与监测、结果评估和制度变迁八个步骤。政策监测方法主要介绍了社会系统核算、社会实验、社会审计、综合实例研究、管理信息系统等;结果评估方法主要包括前后对比法、实验和准实验方法和影子控制法。

負杰在《公共政策研究的理论与方法》中主要从定性分析和定量分析两方面对公共政策评估方法进行介绍。定性分析方法主要包括个人判断法、头脑风暴法、德尔菲法、脚本写作等;定量分析方法参照克朗的确定性的分析技术和随机分析技术进行了总结。

公共政策评估方法演变历程见表5.1。

表5.1 公共政策评估方法演变历程

时间	类型	方法
1950年以前	实证主义 (事实评估)	参与观察、深度访谈、问卷调查、实地调查、社会实验
1950—1970年		成本—收益、准实验研究设计、多元回归分析、观察研究、投入产出分析、运筹学、数学模型、数理统计、系统分析、定量分析模型等方法
1970—1990年	后实证主义 (事实与价值相结合)	定性评估(个人判断、德尔菲法、头脑风暴、脚本写作、因果分析、社会实验、目标分析等) 定量评估(前后对比法、社会实验、成本—收益分析、计量经济分析、马尔科夫分析、随机分析、模糊综合评价、数据包络分析、物元分析、动态综合评价、人工神经网络、仿真技术等)
1990年以后	批判性复合主义	本体论、多元论

注:参考高雪莲(2009)和負杰(2003)进行整理得出。

针对上述政策评估方法，有的专家学者为了使政策评估结果更加客观、完善，政策评估过程中应尽量综合运用各种评估方法，如定量分析与定性分析相结合，经验研究与演绎推理相结合，传统技术与现代方法相结合等，使得评估结果既符合政策评估的“工具理性”，又能满足“价值理性”标准。Guba 和 Lincoln(1987)将公共政策评估中的方法利用划分为四个阶段，见表 5.2。

第一阶段是技术评估阶段，政策评估主体采用自然科学领域和社会科学领域定量评价方法对政策效果进行客观评价。

第二阶段是描述性阶段，即政策评估主体根据参与观察、问卷调查、田野调查等方法，对政策运行效果进行统计性描述分析。

第三阶段是判断性阶段，即政策评估主体综合前两个阶段的结果判断政策目标实现情况以及政策目标与预期目标的差距。

第四阶段是价值多元化阶段，即政策评估主体需要将政策利益主体诉求、公共政策伦理和政治价值纳入政策考评范畴，重新整体估计政策目标完成程度。

表 5.2　政策评估的四个阶段

<table>
<tr><th>时序</th><th>政策评估阶段</th><th>主要任务</th><th>方向导向</th><th>基本特征</th></tr>
<tr><td rowspan="4">↓</td><td>技术阶段</td><td>客观分析政策是否达到预设的技术目标</td><td rowspan="2">实证研究方法，主要是准实验研究</td><td rowspan="3">价值中立，
客观，
严谨</td></tr>
<tr><td>描述阶段</td><td>根据预设政策目标描述公共政策的成绩和问题</td></tr>
<tr><td>判断阶段</td><td>对政策目标是否达成的总体判断</td><td>比照政策目标和前两阶段的分析</td></tr>
<tr><td>价值多元化阶段</td><td>考虑多元群体的利益诉求，分析政策因素</td><td>价值多元主义</td><td>价值导向，
不寻求绝，
对中立</td></tr>
</table>

资料来源：根据 Guba and Lincoln(1987)绘制。

5.3.2　公共政策评估方法

1. 定性评估方法

定性评估主要适用于非量化性、非统计化的评估，一般不采用数学方法，评估主体根据自身知识、经验和文献资料掌握程度，对评价对象的现状、表现做出结论性价值判断，如评价等级判断、评语描述与归纳等。常见的定性评估方法有很多，如问卷调查法，深度访谈法、和参与观察法。

1)问卷调查法

问卷调查法是通过书面形式搜集调查资料的一种调研方式。问卷调查法主要包括四种方式。

(1)邮寄问卷调查。主要适用于调查对象固定，所需样本较少情况下，通过将调查问卷邮寄给特定对象,请他们填好问卷并在规定期限内按照说明将问卷寄回。

(2)发送问卷调查。主要适用于样本需求较大,或者调查对象需要随机选择的情况,由调查人员将问卷集中发给某一特定调查群体,或者采用街头随机发放形式,要求被调查者填好问卷并即时当场收回。

(3)报刊问卷。在报纸刊物上刊发调查问卷,由读者填好问卷并按照指定方式将问卷寄回。

(4)网络调查。主要为了扩大调查对象,将调查问卷发布在网页上,由特定调查对象在规定的时间登录网页填写并提交。

问卷调查法主要从总体上把握政策运行及其最终效果,通常结合开放式和封闭式调查问卷形式,能更深层次挖掘被调查者对政策效果的真实感受,使政策评价结果更加客观、真实。

2)深度访谈法

深度访谈是一种无结构的、直接的个人访谈,主要有两种形式。

(1)一对一的深度访谈,主要适用于针对企业高层、专家、政府官员进行的访谈,以揭示被调查者对政策的态度和情感。

(2)面对 6 ~ 10 人组成的团体访谈,调查过程中主要通过调查者和被调查者或被调查者之间的互动、感染挖掘被调查者对某一事件的观点和看法。在政策评估过程中,深度访谈资料就是政策评估的结果。

3)参与观察法

参与观察法是指政策评估者深入政策实施环境,亲自投身现场,对政策评估的对象、情景、现状进行深入观察的调查方式。参与观察法本身并不需要验证某种理论,而是通过对政策实施过程感受来获取直接和详细的调研资料,因此,政策评估者必须将自己置身于政策环境中,以一个陌生人的角度融入政策环境,再摆脱环境困扰,最终以评估者身份总结、概括和发现政策实施过程中存在的问题和解决方案。

2. 定量评估方法

1)前后对比法

前后对比法指通过将政策实施前和政策实施后,政策目标呈现的状态进行比较,从而得到政策效果的一种定量研究方法。前后对比法具体可分为四类:“前—后”对比分析,“投射—实施后”对比分析、“有—无”政策对比分析和实际与规划比较。

简单“前—后”对比分析主要是对政策或计划实施之前的条件与政策或计划实施之后的条件进行比较,两次测量的结果或影响就是对政策评价,如图 5.1 所示。这种方法假定政策实施前后数据之间的任何差别都是政策或项目的结果。这种方法简便明了,但由于社会系统的复杂性,无法确定政策前后测量结果究竟是由政策本身引起的,还是其他因素造成的。如对医疗保健项目的评估中,人们身体健康状况的改善可能是政府医疗费用投入增加了,也可能是自身增强了锻炼,合理调整了膳食结构等。

“投射—实施后”对比分析主要是首先按照政策实施前的条件对政策实施对象发展情况进行预测,得到政策实施对象在无政策情况下的预测值 A,再对政策实施对象进行政策执行后的结果进行测量得到 B，$B-A$ 即可得到政策影响效果。

简单"前—后"对比分析和"投射—实施后"对比分析测量的主要是同一政策目标对象。"有—无"政策对比分析同时考察实施政策对象与不实施政策对象，进行政策前后的比较。将实施政策对象的前后变化结果减去未实施政策对象前后变化结果，就是政策的实际效果。

实际与规划比较就是将实际执行计划后数据与先期确定的目标进行比较。分析家设定特定的目标作为一段时期内的评估指标，并搜集计划实施执行后的数据，最后将实际数据与目标数据进行比较分析，并对差异做出解释。

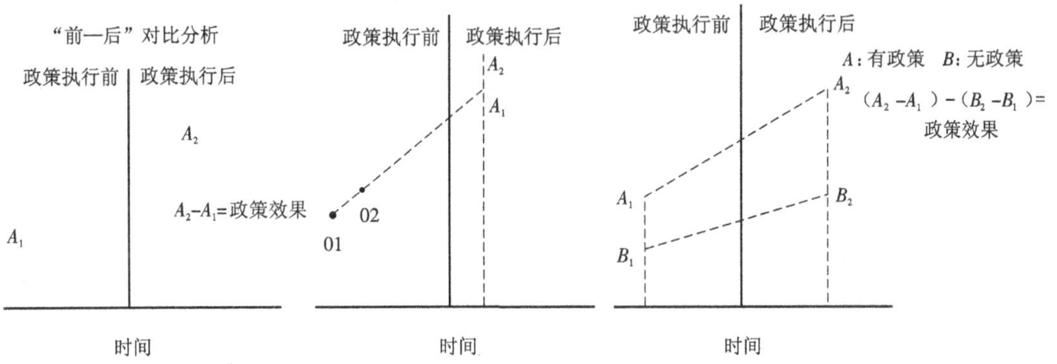

图5.1 前后对比法图示

2)实验和准实验模型

实验和准实验经常被视为检测公共政策结果的一种方法，普遍应用于公共政策领域，如公共健康、社会福利、人口控制、营养计划、高速公路安全及住房计划等。

实验方法就是将研究对象分为两个或多个分组，一组称为实验组，即政策实施对象组，其他组称为控制组，即未实施政策组，将采用政策组和不采用政策组的结果进行比较，得出政策效果的方法。根据弗兰克·费希尔在《公共政策评估》中的介绍，实验方法具体可分为四步骤：第一步，明确作为政策分析标准的一个或多个项目目的；第二步，建立能恰当衡量这些项目目的的数量指标；第三步，决定实验对象适当的目标人口和相应的评估样本；第四步，分析实验完成后得出的数据，得出政策实施效果。

实验方法的有效性关键在于评估者控制实验背景的能力。在公共政策评估中，完全控制即将进行实验的每一方的可能性微乎其微，或者说根本不可能。当各种条件或者情形使真正受到控制的实验不可能进行时，可以采用准实验方法。准实验方法具体包括四种情况：一是只进行后验测试的准实验形式，主要适用于先验测试由于需要大量时间等原因而不能完成时的情况；二是实验前后非对等的准实验形式，主要适用于实验主体不能被随机安排在控制组时的情况；三是单一小组多次试验形式，因控制组不能建立，此时实验只能以同一组实验完后多次测量的方式来实现；四是无控制组前后测试方案，该形式只能用来检验显而易见的影响，但是该影响具体来源于该项目还是项目外变量不能确定。

3)成本法

成本法既可用于政策建议行为，也可用于政策执行后的评估，特别是用于多种政策选择困难时。成本法包括成本—收益分析和成本—效能分析。

(1)成本—收益分析。

成本—收益分析主要适用于那些经济性质的、有形的、可以用货币数据测量的政策评估,货币数据测量的结果即政策受益通常被用来考察政策是否可行,即用净收益来反映公共政策(公共资本投资项目)的效率。净收益越高,政策影响越显著。

成本—收益分析最初适用于私人项目或企业项目的财务分析,其分析主要涉及成本和收入;当其被应用到评估政府公共政策可行性时,从社会角度来看,其主要涉及的是成本和收益,不仅要考虑政策直接效果,还包括间接效果。公共政策直接效果是政策引起的产品供求带来的结果,其间接效果是市场被干预后引发的变化,如新地铁工程提高了居民出行效率,缓解了交通拥挤问题,降低了交通拥挤的外部不经济。公共政策的成本通常按政府实际拨款经费确定,政策支出包括各种实物支出,如办公设备、管理费用等以及机会成本,如利用政府资源带来的其他收益。因此,成本—收益分析只能用来对公共政策领域能够用货币标准衡量的政策效果进行分析,对不能用货币衡量的政策项目具有一定的局限性。

(2)成本—效能分析。

成本—效能分析主要用于解决不能用收入表示目标而最有效使用资源的问题。该方法与成本—收益分析最大的区别是,在不能确定政策的货币价值情况下,只测量多个政策方案的有形成本/费用,并根据成本/费用结果进行比较,如城市环境建设领域,为制定更有效的低碳环境政策方案,可假定政府在降低 30% 的空气污染情况下每个城市人均垃圾清理成本,并依此作为多项政策方案优劣的评价标准。

成本—效能分析起源于 20 世纪 50 年代美国国防部政策工作制定,60 年代被其他国家政府机构广泛应用。由于多数公共政策收益无法用数字准确计算,所以,成本—效能分析法适用面更广,难度更大。此外,在成本—效能分析法的基础上,衍生了加权成本—效能分析法,即通过权重设置将多种效果转换为单一效果的方式对公共政策进行评估。

由于成本—效能分析主要用于收益无法货币化的政策分析中,该方法易于应用在处理集体或准集体物品,适用于具有外部性和无形成本的政策效果评估,缺点在于不易与社会总体福利问题挂钩,也不能用来衡量政策带来的社会群体感受和满意程度。

4)模糊综合评价法

公共政策评估过程中经常遇到政策评价指标过多,指标不能精确描述,模糊性较强等问题,这给政策评估带来一定难度,因此公共政策评估常常用到模糊综合评价方法。模糊综合评价首先对单个因素进行评估,然后对所有因素进行综合的方式,具体步骤如下。

(1)确定政策评价因素集。政策评价因素集一般是政策预期子目标组成的集合,如政策的公平、效率、效果、可持续等特征,假设有 m 个子目标,这些因素常用符号 $u_i(i=1,2,\cdots,m)$ 表示,评价因素集用符号 $U=(u_1,u_2,\cdots,u_m)$ 表示。

(2)确定评价因素的权重。现实中,政策子目标在政策中的作用是有差别的,因此政策评价因素在政策评价中的作用也是有差异的,为了反映这种差异,评价主体一般用评价因素权重系数来进行区别。假设评价因素权重用 $a_i(i=1,2,\cdots,m)$ 表示,则评价因素的权重集用 $A=(a_1,a_2,\cdots,a_m)$ 表示。

(3)建立评价集。评价集是评价主体对政策作用对象最终各种效果评价结果的集合，一般用符号 $V=(v_1,v_2,\cdots,v_m)$ 表示。

(4)单因素模糊评价。这主要指对单独一个评价因素的评价，据此确定评价因素对评价集的隶属程度，即单独一个评价因素对评价对象的影响。在确定每一个因素对评价集的隶属度后，由所有元素隶属度组成的矩阵被称为模糊矩阵通常用 $\boldsymbol{R}$ 表示。

(5)模糊综合评价。综合所有评价因素对评价对象的影响，同时考虑各评价因素对评价对象的重要性，按模糊矩阵乘法运算，计算 $\boldsymbol{B}=\boldsymbol{A}*\boldsymbol{R}$ 得到评价对象的模糊综合评价结果。

现实中，模糊综合评价往往采用建立指标体系形式，对多个项目方案结果进行评价，或者对政策作用目标及结果变化进行年度评价，对作用对象的政策效果进行比较研究等，如为综合评价低碳经济发展政策对我国各省市经济发展的影响，首先需要根据低碳经济发展的内涵，确定低碳经济发展的总目标，根据总目标确定低碳经济发展的子目标，构建低碳经济发展评价指标体系；其次通过德尔菲法获得专家对评价指标的权重；再次，根据评价指标体系，搜集各省市低碳经济发展指标数据；最后，根据模糊综合评价方法，对各省市低碳经济发展效果进行综合评价。

5)计量经济学模型

计量经济学模型主要研究宏观经济现象之间随机变量的数量特征和数量关系。它通过计算变量间相关系数、建立回归模型等方式，考察经济系统内不同变量之间相互关系。在公共政策评估中，由于政策变量是名义变量，通常不能用具体数值表示，只能采用虚拟变量的形式将政策变量加入计量经济学模型，考察政策变量对目标变量的影响程度。如研究减少税收政策对居民消费行为的影响，通常将政策实施前政策变量取值为0，政策实施后政策变量取值为1，将税收变量由名义变量转换为数值型变量，该变量前面的参数估计量就明确地反映了政策实施前后对于因变量的影响，即政策实施的作用。如果税收变量通过了计量经济学模型的各种检验，如变量 t 检验，模型的 F 检验和 R^2 检验等，则认为税收变量对居民消费行为具有显著影响，如果政策变量的回归系数不显著的，则认为税收政策对居民消费行为影响不显著。

计量经济学模型中的虚拟变量模型可被应用到公共政策多个领域，如卫生医疗、教育、金融等政策实施前后对经济、社会、居民生活的影响，均可通过这种形式进行政策有效性检验。

6)公共政策仿真技术

公共政策系统是由自然环境、经济环境、社会环境和国际环境等相互作用的多个子系统构成，系统中相关利益主体受政策环境因素的影响，同时主体行为会对政策实施进行反馈，使得公共政策系统环境充满了复杂性、差异性和易变性。公共政策注入系统后，不同政策主体对政策的理解、反应、行动也会导致不同政策组合结果，这些结果为决策者提供了一个“政策实验室”，为决策者提供极具价值的参考，使得学者们积极探讨通过政策方针技术模拟政策结果成为可能。

20世纪60年代初，伴随着计算机技术的发展，微观仿真技术逐渐被应用于公共政策研究领域。20世纪90年代，圣塔菲研究所(Santa Fe Institute)提出的复杂适应性系统理论为学者管理复杂系统提供新思路,使得基于主体建模的公共政策仿真方法成为可能。其间,国外社会科学领域应用系统仿真技术成功案例遍及世界,如美国、英国、日本的交通系统仿真技术、物流仿真等。21 世纪以来,新的仿真系统软件(如 AnyLogic)通过对离散、连续和混合系统建模和仿真,使同一模型不同部分采用不同方法得以实现,从而能够完成对复杂的社会—技术系统的建模,使“多范式”仿真得以实现。

我国学者对公共政策仿真的研究始于 20 世纪 80 年代,迄今为止,学者们研究取得了一定的成就,如在社会保障领域,有的学者利用系统仿真模型对社会保险基金运营和预警政策进行计算机仿真(汪泓);有的学者对我国多个省份农村社会养老保险基金发展趋势进行了仿真预测(邱婷婷、刘力丰);还有的学者曾应用公共政策仿真技术进行系统分析,利用 AnyLogic 软件平台开展了“伊春国有林权制度改革多范式政策仿真”,构建了伊春国有林区下属翠峦林业局幺河林管所的林权制度改革的宏观路线(李大宇、米加宁,2011)。其所应用的公共政策仿真的系统分析框架如图 5.2 所示。

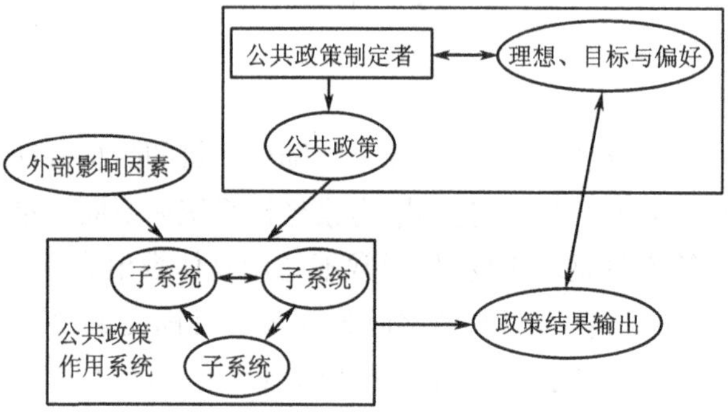

图 5.2 公共政策仿真的系统分析框架

目前公共政策仿真技术已经较为成熟,常用的系统动力仿真软件如 Vensim,此外适用于 SD 模型分析的 iThink、Powersim、STELLA,基于主体建模的 NetLogo、Starlogo 等软件和研究动态系统的 Matlab 等。

它们的应用包括:控制系统、交通、动态系统、制造业、供给线、后勤部门、电信、网络、计算机系统、机械、化工、污水处理、军事、医疗、财政、房地产、环境、教育等公共政策领域。

当然,随着经济和社会环境变化,公共政策仿真技术平台仍有待加强,以适应领导决策思维不断转变,仿真模型的应用性、可操作性仍有待提高,跨学科领域有待增强。因此,如何采取科学、合理的公共政策评估方法,仍有待于深层次研究。

5.4 公共政策评估发展趋势

公共政策评估方法上,从西方公共政策评估方法的研究历程来看,公共政策评估方法研究经历了实证主义—后实证主义—批判性符合主义三个阶段,研究方法从纯技术方法到规范分析和技术分析并重。尽管公共政策评估的方法可以归纳为以上几个阶段,但直到今天,学者们对采用什么样的方法的争论从未平息过。同时,由于规范分析方法发展的局限性,实证主义分析方法一直主导着政策评估研究领域。然而,公共政策目标体现了不同利益集团相互妥协的产物,即便同一个评价结果在不同群体中,可能有完全不同的解读。这些争论,一方面反映了实证主义的主体地位,另一方面说明研究者们在不断地探讨如何修正这一方法。

有学者建议,针对当前国内对政策评价方法研究甚少的局面,应该确立起中国公共政策评估研究的实证主义取向。世界银行的学者 Rist(1995)曾指出,无论评价方法多么严密,都不应该是判断政策评价效果的标准。一项好的政策评价应该关注特定政策是否促进了全社会的治理,而不是评价方法本身。因此,未来公共政策评估方法的研究,一方面应该在吸收国外现有成果的基础上,构建系统、成熟的公共政策评估理论和方法框架;另一方面,应根据目前我国公共政策评估方法匮乏的实际情况,选择立足于实证的复合主义方法论。使我国公共政策研究在立足实证主义的基础上,融合包括自然科学和人文科学在内的理论和实践,批判地吸收各种方法论的优点,走向立足实证的复合主义研究。

目前国内外形势错综复杂,在经济新常态发展背景下,我国经济社会将面临重大机遇和挑战。公共政策决策难度逐渐加大,公共政策决策失误将导致不可弥补的错误,因此,对重大经济政策进行定期评估,根据评估结果及时对政策进行调整和完善变得尤为重要,政策评估制度化和法制化建设逐渐提上日程。2014 年 5 月底,国务院常务会议上首次提出“在对国务院已出台政策措施落实情况开展全面督查中引入第三方评估和社会评价”;2014 年 7 月初,承担第三方评估任务的中国科学院、国务院发展研究中心、国家行政学院、全国工商联等四家受委托单位已全面展开评估工作。这一系列举措掀起了我国开展公共政策评估工作的大幕。根据我国国情,吸收借鉴国内外公共政策评估制度建立经验,我国公共政策制度评估应从以下几个方面做起。

(1)确立公共政策评估的地位。通过立法形式确立公共政策评估的地位,以立法形式要求各级政府制定和执行公共政策结果都要通过绩效评估;明确评估主体、客体的权力与责任,对政策评估原则、评估程序、评估方法、评估结果、评估机构、评估人员和评估费用等需要做到公开、透明。

(2)发挥人大和监察部门的作用。各级政府颁布实施的政策,需由同级人大常委会或其专门委员会负责组织评估;政府各个部门颁布实施的政策,建议由同级人民政府监察部门负责组织评估。

(3)加强评估机构和人才队伍建设。政策评估机构的选择应得到扩展。各级政府所属政策研究与咨询机构的政策评估需在遵循客观、公正和独立原则下进行;同时应积极引进第三方评估机构,通过立法形式,鼓励、引导、培养和保护民间政策评估机构的发展;加大政策评估专业人才培养力度,通过教育和培训提高政策评估人员专业水平,同时加大海内外政策评估人才引进力度。

(4)积极探索科学的评估理论、方法和技术。随着计算机技术和政策评估理论发展,国内外政策评估方法日益完善,但不可否认的是,许多政策评估方法理论性较强,但实际操作性较差,同时实证分析和规范研究未能很好地结合起来。目前的实证分析研究中,对政策评价方法贡献比较大的往往是经济学、数学、系统工程等领域学者,从事政策研究的专家学者,进行政策评价时往往不自觉地偏好用价值判断代替事实分析,学科之间的交流明显不足。这就导致现有的政策评价大多缺乏科学的方法论指导,或在方法论的应用上不能得心应手,从而限制了政策评价知识和方法的持续更新。因此,要加强政策评估理论体系建设,在借鉴学习国外先进、实用的评估方法与制度设计情况下,必须结合我国国情和实际对评估方法进行调整,才能提高评估方法的适应性、针对性和有效性。

(5)提高公共政策评估的透明度。建立政策评估信息系统,完善政府信息公开制度。在评估过程中,要扩大公众参与面,保证评估结论客观公正,提高评估的质量。根据不同情况,把可公开的政策评估信息对公众发布,接受公众监督和评议。

5.5 公共政策评估案例

案例一:云南省"奖优免补"政策评估案例

1."奖优免补"政策出台背景

从1971年到2002年,云南省人口出生率由38.1‰下降到17.9‰,人口自然增长率由30.1‰下降到10.6‰,31年来全省累计少出生1 100万人,为云南的经济和社会发展做出了巨大贡献。但人口基数大,净增人口多,人口素质不高,人口城乡分布不均等问题,严重制约着云南省全面建设小康社会的进程。采取强有力的措施来努力控制人口过快增长,特别是控制农村人口的过快增长,是云南省全面实现小康社会的关键所在。

2002年左右,云南省执行的是"一、二、三"的政策,生育一、二、三孩的人口占全省总人口的比例分别为15.48%、82.5%、2.02%;而生育一孩的大多是非农人口。要进一步降低生育水平,其空间只能是放在可以生育二孩、三孩的农业人口家庭。通过把"一、二、三"的生育政策调整为一孩或一孩半,行政制约限制群众的生育数量。云南省作为边疆少数民族地区,自开展计划生育以来,针对不同地区不同民族实行"一、二、三"的生育政策,使控制人口增长取得了显著成效,广大群众已普遍接受这一政策,目前采用调整生育政策限制只生一个孩子难度是很大的,即使生育水平降下来,也会损害党群、干群关系,带来一系列的社会问题。所以,只能建立利益导向机制,引导群众少生优生。这既能达到进一步降低生育水平的目的,又能避免以上问题的出现。因此,云南省政府从与全国同步实现全面建设小康社会目标需要出发,贯彻以人为本的执政理念,充分考虑了边疆稳定、民族团结和财政承受能力,出台了农业人口独生子女家庭"奖优免补"利益导向政策。

2003年7月,云南省政府出台了《云南省农业人口独生子女家庭奖励暂行规定》,于8月1日起在41个县(市、区)试点。对农业人口领取"独生子女父母光荣证"的夫妻及其子女给予"奖优免补"的奖励和优待。2004年,云南省被国家列为"奖励扶助制度"和"少生快富"工程试点后,使之与"奖优免补"政策进行了有机整合。于当年6月1日在全省全面实施。2005年开始,为避免政策交叉重叠,云南省将"奖优免补"政策中对农业人口独生子女义务教育的"三免费"更名为"教育奖学金",享受"教育奖学金"的农业人口独生子女仍可享受其他教育优惠政策。

2. "奖优免补"政策评估过程

2005 年,受省政府委托,云南师范大学成立了由多学科专家组成的课题组,从 2005 年 9 月—2006 年 9 月对云南省"奖优免补"政策进行综合评估。

评估采用个体样本按随机抽样方式选取,共完成 4 000 份调查问卷,并进行了对比分析,样本点覆盖 57 个乡镇,涵盖边疆民族地区、经济发展水平较高地区和贫困山区,具有典型性、代表性。在全面收集政策结果方面的信息过程中,主要运用了观察法、查阅资料法、调查法、案例法、实验法。在问卷调查的同时,还对各地人口计生人员和基层干部进行了深入访谈。最后对调查结果进行了整理、归类、统计,采用仿真技术,对不同的政策响应水平下的人口发展态势及特征,进行了综合分析,并撰写评估报告和总结评估。

3. "奖优免补"政策评估结果

1)"奖优免补"政策对人口影响评估

(1)"奖优免补"政策对生育水平和人口数量现状和未来人口的影响见表 5. 3。

表 5. 3　2003—2005 年"奖优免补"政策对出生率和人口数量的影响

年份	出生率		政策实施导致的出生率下降/%	政策实施导致的出生人口减少/万人
	不实施"奖优免补"政策出生率/%	实施"奖优免补"政策后出生率/%		
2003	17. 23	17. 00	0. 23	0. 96
2004	16. 88	15. 60	1. 28	5. 38
2005	16. 54	14. 72	1. 82	8. 55
合计				14. 89

对未来的影响:一方面,使人口出生率、自然增长率下降。大致从 2020 年以后人口的出生率逐渐减小,加之由于老年人口比例增加而导致了死亡率的上升,2028 年左右实现零增长,并呈现人口负增长态势,直至 2075 年左右趋于稳定。另一方面,人口总量的发展趋势。今后 20 多年受人口惯性的影响,云南省人口数量仍将持续上升,2026—2030 年,人口数量将达到峰值(按 40% 办证水平,峰值在 4 800 万以内)。

(2)"奖优免补"政策对人口素质的影响。"奖优免补"政策的实施将减少人口数量,增加人均拥有的教育资源,独生子女受教育年限可提高 6. 5 年;人们生育观念改变,将减少妇女生育胎次,提高妇女生活质量和生殖健康水平。此外,"奖优免补"政策的实施,对独生子女质量将更为关注,因而云南省出台了《云南省人口出生缺陷预防规定》,这必将进一步提升云南省的人口素质。

(3)"奖优免补"政策对人口结构的影响。出生率下降使少儿人口在总人口中比例大幅度下降,劳动适龄人口和老年人口占总人口的比重上升。在既有人口老龄化趋势背景下,按 40% 办证水平,2010 年老年人口比达 7. 74%,且比重逐年增加,2050 年老龄化程度达19.62%。

就长远来说，“奖优免补”政策很大程度上解除农村家庭养老的后顾之忧，出生性别选择会更少，有利于预防性别比例失衡。少生的农业人口使得农村人口绝对数量和增长速度均减小，城镇人口比重相对增加，从而会提高人口城镇化率。对云南省人口实现零增长的影响。办证率越高，实现人口零增长的时间间隔越短，人口总量的减少所需要的时间越少。办证率为15%～50%的水平下，实现年份在2026—2030年，由于“奖优免补”政策实施，使人口零增长的时间提前约5年。

2）“奖优免补”政策实施的经济影响评估

（1）对经济水平的影响。政策实施节约了经济成本，提高人均收入，加快了全面建设小康社会的进程。依据2005年的农村一孩家庭情况及人均经济总量，按照40%的办证水平来计算，到2010年，可节约GDP大于39.5亿元，5年累计节约197.5亿元；2034年可节约GDP大于79亿元，30年累计节约1 185亿元，接近1995年的云南地区生产总值。因政策实施而节约的GDP，加上由于人口减少特别是贫困人口减少而削减的小康水平下对GDP总量的需求，“奖优免补”政策的实施将极大地促进云南省全面建设小康社会的进程。

（2）对产业结构的影响。“奖优免补”政策的实施会促进产业结构的优化与升级，办证率每提高10%，第一产业劳动人口比重至少降低约0.14个百分点，第二产业劳动力比重相应上升不低于0.03个百分点，第三产业劳动力人口比重上升不低于0.06个百分点。

（3）对城乡经济结构的影响。“奖优免补”政策的实施将增加农民收入，促进云南城乡二元经济结构的转变和统筹城乡协调发展。办证水平每提高10个百分点，从财政直接补助到农民的资金可使农民人均纯收入约增加11元，若加上二次投入增加的收益则效益更加明显。

3）“奖优免补”政策实施的社会影响评估

政策的顺利实施，有利于塑造诚信、以人为本的政府形象。“奖优免补”政策制定实施的出发点、政策的内容、实施过程均体现了政府以人为本的思想和对社会公平的关注，并树立了我国人口计划生育国际国内的新形象。

促进基层组织建设和行政管理方式的转变，改善党群干群关系。政策执行双方由管理者与被管理者的行政关系向平等的合同式关系转变；政策实施的对象由单独的尽义务向义务与权利并存转变，干部在执行政策的同时也给群众带来相应的利益；政策的执行由强制到自愿的转变，融洽了党群干群关系。

有利于缓解“三农”问题、促进和谐社会构建和社会主义新农村的发展。“奖优免补”政策的实施，减少了农村出生人口数量，改善了人口结构，缓解了人口对资源环境的压力，促进了经济社会的协调发展；提高了农村居民生活水平，促进了贫困地区的发展，促进了地区均衡和社会公平；人口与经济、社会、资源、环境关系的整体改善，为缓解“三农”问题、调整城乡结构做出积极贡献，有利于社会主义新农村建设。

使家庭结构小型化，农村家庭养老向社会养老方式迈进，家庭养老与社会养老相结合的方式将逐渐普遍。因妇女生育胎次的减少，参与社会活动的时间和精力增加，对妇女身心健康形成了强有力的保护，有利于提高妇女地位。新增人口数的减少，将极大地缓解农村和城市未来的就业压力。

案例二:天津市城乡居民医疗保险制度实施效果评价

1. 引言

医疗保险制度是一个国家或地区按照保险原则为解决居民防病治病问题而筹集、分配和使用医疗保险基金的制度。2007年以来为解决我国医疗保险制度“碎片化”问题,很多省份开始了城乡居民医疗保险制度统筹探索工作;2009年国务院《关于深化医药卫生体制改革的意见》出台有效推动了城乡居民医疗保险制度发展进程;2013年党的十八届三中全会《中共中央关于全面深化改革若干重大问题的决定》和2014年李克强总理《政府工作报告》重点强调“整合城乡居民基本养老保险制度、基本医疗保险制度”。近年国家通过一些政策的出台促进了城乡医疗保险制度快速发展。截止到2013年,天津、青海、山东、重庆、广东、宁夏、浙江等等地顺利完成城镇居民医疗保险和新型农村合作医疗制度的统筹,基本完成城乡居民基本医疗保险制度的建立(李淑春,2013)。

我国医疗保险制度的发展引起了国内学者广泛关注,对制度实施效果进行了一系列评价,如从医疗保险制度目标角度,张太海(2004)、申曙光和彭浩然(2009)、朱坤(2013)、张笑天(1996)等学者们从公平、效率、质量和可持续性等方面对医疗保险制度评价原则进行了大量分析,邹富良(2002)从社会效益和经济效益角度进行定性和定量研究;徐伟和罗雪燕(2013)、申曙光(2012)等学者从医疗保险制度运行主体角度开展了对医疗保险政策内容、医疗保险基金运行、医疗机构服务管理和利用、参保人员和医疗保险经办机构等方面的研究;从评价方法角度,孟德锋、张兵(2009)、胡宏伟(2012)倾向于用双重差分、倾向匹配、倍差法等方法对医疗保险制度实施效果进行追踪调查和比较研究。通过文献回顾与比较,目前学者们对我国医疗保险制度效果研究较多,但比较零散、缺乏系统性,截至目前,我国并没有真正建立起一套完善的医疗保险制度评价体系对医疗保险制度进行有效评价。因此,通过科学合理方法构建一套完善的医疗保险制度评价指标体系,并对我国目前医疗保险制度进行有效评价工作变得十分重要。

2014年8月27日李克强总理在其主持召开的国务院常务会议上强调“要用第三方评估促进政府管理方式改革创新”。“第三方评估”源于20世纪20年代的欧美发达国家,20世纪90年代开始被应用于政府绩效评价领域,主要指由独立于政府及其部门之外的第三方组织对政府管理绩效进行评价(孟惠南,2012)。根据“第三方”组织成分差异,目前“第三方评估”模式主要有专家评估、专业公司评估、社会代表评估和民众参与四种评估模式。专家评估模式大部分是依赖于高校和科研单位,由专业人士组成的机构,其在评价主体选择、评价指标的制定、指标数据处理和评价结果判断等方面拥有理论和专业优势,增加了评价结果真实性和客观性(徐双敏,2011)。2004年兰州大学成立了中国第一家地方政府绩效评估机构,开创了第三方学术中介机构评价政府绩效的先河,随后浙江大学、华南理工大学相继出现高校专家作为第三方评估模式。

2013年9月天津大学作为独立的第三方开展了历时一年的医疗保险制度评价研究工

作,课题组站在专家学者角度通过反复专家咨询、深度访谈和问卷调查等多种方式构建医疗保险制度评价指标体系,利用改进的层次分析模型——群组决策模型确定评价指标权重,以保证评价体系中指标的客观、公正;其次在问卷调查过程中充分采纳城乡居民、医疗机构、经办机构和政府各方主体意见,减少了错误信息判断,保证评价结果的真实可靠;最后利用指标评价体系对天津市城乡居民医疗保险制度实施效果进行客观评价,发现制度存在的问题并提出了合理建议。

2. 医疗保险制度评价体系构建

1)医疗保险制度评价内涵、指标体系构建原则

根据公共政策评价原理,本书将医疗保险制度评价内涵界定为:为促进医疗保险制度优化和完善,评价方收集医疗保险制度相关信息,按照评价原则、标准和程序,构建科学合理评价指标体系,综合利用定性和定量研究对医疗保险制度内容的制定、运行过程和运行结果进行全面分析,并给出专业性政策建议的活动过程。

医疗保险制度评价对象就是医疗保险制度本身,是指政府通过制度内容制定和制度资源调控、配置对医疗保险资源归属、利用及管理进行的规制和指导,具体包括各级政府部门为医疗保险制度发展目标而制定的医疗保险措施、办法、意见、制度条例等。

依据公共政策制定和形成机理,按照“制度制定—制度实施—制度效果”这一逻辑过程,本书将医疗保险制度评价内容界定为医疗保险制度内容本身,医疗保险制度运行过程中医疗资源配置和利用以及医疗保险制度运行效果。

评价指标体系设计过程中在遵循一般性原则,如科学性、系统性、可测量性、可比较性、可扩展性等基础上,指标设计还要与医疗保险制度目标相融合。评价指标体系构建重点注意了以下几方面:一是医疗保险制度内容本身目标,即医疗保险制度缴费和报销政策是否与居民需求相一致,是否满足参保居民医疗需求,是否满足医疗保险保障制度可持续性;二是医疗保险制度运行过程医疗资源配置与合理利用,医疗费用控制和参保者个人负担是否得到减轻,医疗保险制度质量和效率是否得到提升;三是医疗保险制度运行对医疗保险相关主体的影响,对当地社会保障制度和经济发展影响。

2)医疗保险制度评价指标体系设计流程

以医疗保险相关理论、公共政策评价理论、利益相关者理论等多种理论为依据,深入分析医疗保险制度运行过程、制度效果形成机理,依据公共政策评价过程中“制度制定—制度实施—制度结果”逻辑框架,设计医疗保险制度评价指标体系中前三级指标,指标体系设计过程经历了以下几个步骤。

(1)自我检验。将备选的指标逐一对照指标体系设计原则、医疗保险制度评价标准进行初步筛选,删除不符合要求的指标。

(2)专家检验。将初步确定的指标体系整理成专家咨询表,采用电子邮件、深度访谈等形式邀请政府部门、科研机构和高校专家学者进行指标筛选,利用反馈结果删除隶属度偏低的指标,并综合专家意见进行指标调整。这一过程共进行了两轮专家检验,第一轮主要针对前两级指标体系,调查对象包括天津市人力资源社会保障部门相关专家 2 名、天津市医疗机构相关专家 2 名、天津市医疗保险研究会专家 1 名和天津高校社会保障专业学者 3 名;第二

轮主要针对完整的指标体系，调查对象包括天津市人力资源社会保障部门相关专家5名、天津市医疗机构相关专家8名、天津市医疗保险研究会专家4名和天津高校社会保障专业学者6名。

(3)实证检验。运用指标体系对天津市城乡居民医疗保险制度进行试评价，根据评价过程检验指标体系和评价方法的可及性和科学性，对指标体系进行进一步修正。

通过以上检验方法反复4次修正后最终确定了医疗保险制度评价指标体系的内容，为方便实践操作，详细设计了每个四级指标含义、计算方式、评价主体、评价方法和评价标准等。

3)医疗保险制度评价指标体系构建

最终将指标体系的目标层(O)定义为“医疗保险制度实施效果”，按照制度运行过程将一级指标划分为医疗保险制度功能目标(A_1)、医疗保险制度运行过程(A_2)和医疗保险制度社会效果(A_3)3个一级指标，同时细化分解出6个二级指标，12个三级指标(见表5.4)和30个四级指标(见表5.5)。

表5.4 医疗保险制度实施效果评价指标体系

一级指标(A)	二级指标(B)	三级指标(C)
医疗保险制度功能目标 A_1(29%)	医保制度保障水平 B_1(14.2%)	医保制度缴费保障水平 C_1(7.0%)
		医保制度基金保障水平 C_2(7.2%)
	医保制度可持续性 B_2(14.8%)	医保缴费可持续性 C_3(7.4%)
		医保基金可持续性 C_4(7.4%)
医疗保险制度运行过程 A_2(36%)	医保制度运行效率 B_3(18.4%)	医疗资源配置效率 C_5(9.2%)
		医疗费用控制效率 C_6(9.2%)
	医保制度运行质量 B_4(17.6%)	医疗服务利用水平 C_7(7.8%)
		医疗费用个人负担 C_8(9.8%)
医疗保险制度社会效果 A_3(35%)	医保制度直接效果 B_5(21.0%)	医保制度知晓度 C_9(8.4%)
		医保制度满意度 C_{10}(12.6%)
	医保制度间接效果 B_6(14.0%)	医保制度社会支持度 C_{11}(7.8%)
		医保制度社会影响度 C_{12}(6.2%)

医疗保险制度功能目标(A_1)主要从制度制定角度考察医疗保险制度科学性、合理性，下设医保制度保障水平(B_1)和医保制度可持续性(B_2)两个二级指标。医保制度保障水平主要由医保制度缴费保障水平(C_1 个人缴费保障、政府补贴保障)和医保制度基金保障水平(C_2 住院政策保障、门诊政策保障)来表示；医保制度可持续性主要通过医保缴费可持续性(C_3 医保缴费与居民收入、经济发展适应性)和医保基金可持续性(C_4 医保基金支出与经济、政府财政适应性)两个指标来衡量。

医疗保险制度运行过程(A_2)主要考察制度运行的效率和质量，下设医保制度运行效率(B_3)和医保制度运行质量(B_4)两个二级指标。医保制度运行效率由医疗资源配置效率(C_5

不同级别资源分配)和医疗费用控制效率(C_6 医疗费用增长速度等)两个指标构成;医保制度运行质量由医疗服务利用水平(C_7 医保受益人数、人次)和医疗费用个人负担(C_8)两方面表示。

表 5.5 医疗保险制度实施效果三、四级指标体系

三级指标(C)	四级指标(D)	指标含义说明
医保缴费保障水平(C_1)	医保个人缴费政策负担 D_1(3.5%)	医保个人缴费占年度缴费比
	医保政府财政补贴负担 D_2(3.5%)	医保政府补贴占年度缴费比
医保基金保障水平(C_2)	医保住院平均报销比例 D_3(3.6%)	政策范围内住院报销标准
	医保门诊平均报销比例 D_4(3.6%)	政策范围内门诊报销标准
医保缴费可持续性(C_3)	医保缴费与居民收入适应性 D_5(3.4%)	医保个人缴费增速/人均收入增速
	医保缴费与经济发展适应性 D_6(4.0%)	医保个人缴费增速/人均 GDP 增速
医保基金可持续性(C_4)	医保基金支出经济适应性 D_7(3.7%)	医保基金支出增速/GDP 增速
	医保基金支出财政适应性 D_8(3.7%)	医保基金支出增速/财政支出增速
医疗资源配置效率(C_5)	不同级别医院医疗费用比 D_9(3.8%)	一级医院: 二级医院: 三级医院
	不同级别医院就医人数比 D_{10}(5.4%)	
医疗费用控制效率(C_6)	医疗费用占居民可支配收入比 D_{11}(3%)	人均医疗费用/人均可支配收入
	医疗费用占居民消费支出比 D_{12}(3%)	人均医疗费用/人均消费支出
	住院费用年度增长速度 D_{13}(3.2%)	(当年住院费用 - 去年住院费用)/去年住院费用
医保利用水平(C_7)	住院补偿受益人数增长率 D_{14}(3.9%)	(当年住院补偿受益人数(人次) - 去年受益人数(人次))/去年
	住院补偿受益人次增长率 D_{15}(3.9%)	
医疗费用个人负担(C_8)	患者住院费用个人负担比 D_{16}(4.6%)	个人支付住院费用/住院总费用
	患者医疗总费用个人负担比例 D_{17}(5.2%)	个人支付总费用/医疗总费用
医保制度知晓度(C_9)	医疗保险缴费层次知晓度 D_{18}(1.6%)	参保人员医保缴费政策掌握程度
	医疗保险缴费标准知晓度 D_{19}(1.8%)	
	医疗保险报销程序知晓度 D_{20}(1.6%)	参保人员医保报销政策掌握程度
	医保费用报销标准知晓度 D_{21}(1.6%)	
	医疗保险报销范围知晓度 D_{22}(1.8%)	
医保制度满意度(C_{10})	医疗保险缴费满意度 D_{23}(3%)	参保人群、医疗机构角度考察两个主体对医保制度满意度
	医疗保险报销满意度 D_{24}(5.2%)	
	医疗服务机构制度满意度 D_{25}(4.4%)	
医保制度社会支持度(C_{11})	参保人员继续参保意愿 D_{26}(2%)	参保人员对医保制度支持度
	参保人员提高缴费档次意愿 D_{27}(3.8%)	
	医疗机构对医保制度发展期望 D_{28}(2%)	医疗机构对医保制度支持
医保制度社会影响度(C_{12})	医保制度对社会保障制度影响 D_{29}(3.4%)	政府部门对医保制度评价
	医保制度对经济发展影响 D_{30}(2.8%)	

医疗保险制度社会效果(A_3)包括直接效果和间接效果,医保制度直接效果(B_5)主要从

参保人视角出发，考察其对医保制度知晓度（C_9 缴费标准、缴费层次等）和满意度（C_{10} 医保缴费、报销、医疗服务等满意度）；医保制度间接效果（B_6）主要指医保制度实施后参保人员和医疗机构对医保制度发展的支持度（C_{11}）以及医保制度对当地经济和社会影响度（C_{12}）。

从指标类型来看包括客观指标和主观指标，该指标体系作为医疗保险制度实施效果评价的理论框架，具体操作时应根据不同区域医疗保险运行环境、阶段性特征、评价目标等灵活增减指标。

4）医疗保险制度评价指标体系权重设计

医疗保险制度评价指标体系主要采用以下两种方法确定指标权重。

（1）通过群组决策分析模型确定一级、二级指标权重。群组决策模型通过模拟人思维中的分解、判断和综合方式，将一位专家扩大到 n 位专家，将一组判断矩阵扩展为 n 组判断矩阵的形式，综合比较判断指标重要性排序，比传统层次分析法更加科学合理（戚涌、李千目，2009）（何植民，2013）。将目标层（O）和一级（A）、二级（B）准则层采用 1－9 标度标准，综合政府部门、科研机构和高校 23 位专家意见，构建 $O—A$，$A—B$ 判断矩阵，其次运用群组决策分析专门软件 yaahp0.6 计算得到各个指标的权重（见表 1）。②通过专家评价法确定三、四级指标权重。为便于操作提前拟定指标评价重要性的李克特五级量表（非常重要、重要、一般、不重要、完全不重要），将专家划分为理论组和实务组两类，理论组专家 10 人，实务组专家 13 人，分别为评价指标确定等级，根据评价等级确定指标分值和重要性排序。最后对两组专家评价进行 t 检验和卡方检验，结果表明两组专家评分无显著差异，可信度较高。将全部专家评定结果加总求均值，得到三、四级指标权重（见表 5.5）。

3. 医疗保险制度评价指标体系应用：天津市城乡居民医疗保险制度效果评价

2009 年以来，天津市人力资源社会保障局颁布了一系列的医疗保险政策文件，将城镇居民医疗保险和“新农合”制度进行整合，推动天津市城乡居民基本医疗保险制度从“无”到“有”的转变，使天津市医疗保险制度改革走在了全国前列。截至 2013 年年底，天津市城乡居民基本医疗保险制度参保人数 543.95 万人，参保率达 96% 以上。四年以来该制度实际运行效果如何需要得到全面客观评价，因此本书选取天津市城乡居民医疗保险制度为评价对象进行实证分析，为该制度未来发展提供决策依据和理论支持。

1）评价指标修正

天津市城乡居民医疗保险制度参保人员主要分成年人和学生儿童两类，政策缴费标准和报销比例因参保人员类型存在明显不同。根据天津市城乡居民医疗保险制度发展现状，对医疗保险制度评价指标体系进行调整，前三级指标不变，四级指标中 D_1、D_2、D_3、D_4 指标分别计算成年人和学生儿童个人缴费负担、政府补贴负担、平均住院报销比和平均门诊报销比，并按照 2013 年参保的成年人和学生儿童人数比例 3∶2对指标评分进行综合计算；医疗保险制度知晓度和满意度（D_{18}—D_{24}）指标也按成年人和学生儿童分别计算并同上做最后综合计算。这样原四级指标在计算过程中由 30 个增加到 41 个。同时需要说明的是学生儿童被纳入城乡居民医疗保险之内，其没有收入来源，医疗费用支出却包含在家庭消费之内，但家庭的年收入和年消费支出数据难以获得，因此医保缴费与居民收入适应性（D_5）、与经济发展适应性（D_6）、医疗费用占居民可支配收入比（D_{11}）和占居民消费支出比（D_{12}）指标均按成年人标准核算。

2)评价数据来源

数据来源主要分客观指标和主观指标两类。

(1)客观指标数据主要来源于2010—2013年天津市城乡居民医疗保险政策文件、天津市统计年鉴、天津市国民经济和社会发展统计公报等权威报导,数据来源真实可信,如医保制度保障水平、医保制度可持续、医保制度运行质量和医保制度运行效率指标全部通过上述资料整理获得。

(2)主观数据主要通过设计调查问卷和深度访问方式获得,调查对象包括政府部门领导、医疗机构医护人员和城乡居民参保人员,课题组以天津总医院、三潭医院、天津中医附院为依托获得医护人员调查问卷60份;以天津市南开区嘉陵道社区、西青东马庄村、天津大学、南开大学为依托获得参保人员调查问卷500份,其中学生儿童200份,成年人300份,同时专家学者、人社局领导调查问卷23份。其中医保制度知晓度、医保制度满意度、医保制度支持度等指标数据主要来自于参保患者调查问卷,医疗机构制度满意度、医疗机构对医保制度发展期望主要来自于医护人员调查问卷,医保制度社会影响度主要来自于专家学者调查问卷。

3)评价标准界定

按照评价指标类型,课题组在主观指标评价中,通过调查问卷形式采用李克特五级量表让专家学者、医护人员和参保者对评价内容进行等级评价,最后采用均值方式得到每个四级指标分值;客观指标评价标准界定时主要借鉴学术界研究成果,将指标数值与国际标准进行比较,与其他省市比较、与天津市历年发展水平进行比较获得指标评分,如将医疗个人负担与国际水平进行比较,将医保缴费保障水平、医保基金保障水平指标与北京、上海和重庆三个直辖市进行比较,将医疗资源配置效率与医疗费用控制效率与天津市历年发展水平进行比较。为了与主观指标评价分值相一致,课题组将客观指标评分界定在0~5分之间,得分越高说明与评价标准相比该指标越好,得分越低说明与评价标准相比该指标存在较大差距。最终获得各部分客观指标得分。

4)评价结果分析

将指标得分与指标权重进行综合加权,得到天津市城乡居民医疗保险制度实施效果综合评分70.83分。按百分制划定优劣级别,我们将0~20分设为很差,20~40分为较差,40~60分为一般,60~80分为良好,80~100分设为优,那么天津市城乡居民医疗保险制度运行总体情况良好,评价体系中前两级指标得分见表5.6。

医保制度社会效果评价结果最高(77.8),主要因为医保制度间接效果较好(83.2),对当地社会保障制度和经济发展影响较大,参保人员和医疗机构制度支持度较高;同时制度直接效果较高(74.2),其中参保人员对制度满意度较高。

医保制度功能目标评价结果居中(71.2),主要是因为医保制度缴费和基金保障水平较高(75.0),但医保缴费和基金可持续性较差(67.6)。

医保制度运行过程评价结果最低(63.4),主要因为医保制度运行质量(65.0)中医保利用水平逐年提高,但医保个人负担仍较重;医保制度运行效率(61.8)最低,主要因为医疗资源配置效率较低,医保费用控制效率未得到明显改善。

表5.6　天津市城乡居民医疗保险制度实施效果评价结果

一级指标综合得分		二级指标综合得分	
医保制度功能目标	71.2	医保制度保障水平	75.0
		医保制度可持续性	67.6
医保制度运行过程	63.4	医保制度运行质量	65.0
		医保制度运行效率	61.8
医保制度社会效果	77.8	医保制度直接效果	74.2
		医保制度间接效果	83.2

我们将以上评价结果反馈给调研过程中的专家学者,学者们对调查结果表示认同,认为其基本符合天津市城乡居民医疗保险制度发展现状。同时,制度评价过程中我们发现天津市城乡居民医疗保险制度存在以下问题:①城乡居民医疗需求增加,医保基金支出增长过快;②政府财政补贴逐年增加,参保缴费机制有待优化;③医保政策报销比例较高,患者实际保障水平较低;④基层医疗资源保障不足,医疗资源分配有待完善。

未来城乡居民医疗保险制度发展过程中,天津市可以从以下几方面做出改善:①努力提高城乡居民医疗保险认知,引导城乡居民合理就医;②积极调整城乡居民医保制度筹资结构,构建城乡医保长效筹资机制;③合理调整医保政策内容,切实提高参保患者医疗保障水平;④加大政府卫生财政投入力度,夯实基层医疗服务资源保障。

第 6 章　公共管理伦理的嬗变与启示

20 世纪 80 年代开始，发端于英美、蔓延于全球的新一轮行政改革持续展开。这样一场轰轰烈烈的行政改革运动被称为“新公共管理运动”。“这场声势浩大的运动将一种全新的社会治理模式呈现在我们的面前，学术界把这种社会治理模式称为公共管理”(张康之，2003)。公共管理不同于以往的社会治理模式，它是一种以道德为基础的服务型管理模式，并且这种管理模式的构建是建立在伦理精神上的。作为一种新的社会治理模式，“服务精神是公共管理的精髓”(张康之，2003)。公共管理具有主体多元化的特征，这样的一种特征虽然可以满足社会变迁过程中社会问题复杂化、动态化对行政管理提出的要求，但同时对公共管理中伦理关系的把握和公共管理主体的伦理价值选择提出了更高的要求。如何解释公共管理的服务精神，如何将公共管理的服务精神转化为具体的制度设计，如何为公共管理主体探寻出一条实现服务精神的现实路径成为了公共管理伦理的存在和发展的现实基础和原始动力。公共管理伦理和公共管理理论的生成一样，有着自身的逻辑发展脉络，其发展演进不仅受伦理学理论的影响，更是和行政学和公共行政学的发展密不可分。事实上，作为行政学和伦理学的交叉学科，公共管理伦理价值观的发展脉络时时闪现着两者相互呼应的火花。因此，从历时态的角度梳理公共行政理论和公共管理伦理价值观的发展脉络，可以在系统有效的历史经验支持下找到西方国家在公共管理伦理体系构建上的经验，而这些经验无疑可以为我国公共管理伦理体系构建的实践提供一定的理论参考和路径选择。

6.1　公共管理伦理的内涵与特点

公共管理伦理是一种存在于公共领域中的角色伦理，是人们对公共管理主体的公共管理行为和政治活动的正当性和合理性的判断过程和判断依据。我们可以从以下几个方面去理解公共管理伦理的特点。首先，公共管理伦理是针对公共管理主体的权利义务的规范体系。理论上而言，公共管理主体既要履行道德义务又可以享有道德权利。但在实践中，公共管理主体必须以义务为本位，要做出一定牺牲。但是当前等价交换是市场经济运行的基本法则，在这样的环境背景下，社会主体在做出任何行为时都会参照等价交换这样一个市场经济运行的基本法则。但在公共管理领域中不是所有的付出都是有回报的，更不要提等值的回报了。在这种时候，当公共管理的主体需要去权衡自己的得失的时候就需要公共管理伦理的规范作用。其次，公共管理伦理是一种调节公私利益观念的道德体系。对公共利益进行维护是公共管理伦理最基本的要求。维护公共利益的行政伦理的基本内容、基本道德原则是如何处理公共利益与个人利益之间的关系。道德规范是道德原则的体现，但是随着公私领域边界的日渐清晰，公共利益和私人利益的矛盾逐渐凸显。公共管理主体作为公共利益的实现者和维护者的同时也拥有追求私人利益的权利和要求，于是公私利益的合理分割和合法实现就成为摆在公共管理主体面前的一道难题，也成为社会公众关注的焦点，影响着社会公众对公共管理主体信任度的高低。所以公共管理需要公共管理伦理体系的规范和控制，需要公共管理伦理体系发挥价值导向和价值指引的作用。再次，公共管理伦理是一种行政权力的内在约束机制。行政权力的约束机制包括自律机制和他律机制。他律机制更多地体现为法律和外在主体的监督，而自律机制则体现为伦理道德的约束。公共管理伦理体系作为公共管理主体服务精神得以实现的依托和保障机制，同时也可以成为对行政权力的一种内在约束机制。最后，公共管理伦理是政府管理的价值体系。政府管理的实践行为要以一定的伦理目标为导向，在实现公共利益的同时要秉承一定的价值准则。无论是遵从“企业逻辑”“技术主义”和“科学主义”（靳凤林，2012）仅注重效率，还是注重效率的同时亦关注社会正义和社会公平，都可以成为政府管理主体的价值选择。

公共管理伦理的内涵和特点向我们展示了公共管理伦理的理论范畴和逻辑体系，正如前面所说，公共管理伦理价值观的逻辑推演是伴随着从传统的行政学到公共行政学、再到新公共行政学或新公共管理理论和实践的历史演变的。从历时态的角度探究公共管理伦理的发展、演变以及发展演变的规律和动因，可以为我们提供系统有效的公共管理伦理逻辑推演的历史经验，从而为我们真实有效地把握西方国家公共管理伦理演变的深层动因和内在规律提供良好的动力支持。

6.2　西方公共管理伦理诉求的嬗变

国内的研究学者普遍认为，西方公共管理伦理的演变经历了三个时期：其一，奉行效率至上的传统时期；其二，倡导社会公平为主的新公共行政时期；其三，推行以市场化为主的新公共管理时期。

6.2.1　奉行效率至上的传统时期

公共管理伦理演变历程的第一时期可以追溯到伍德罗·威尔逊的《行政之研究》，伍德罗·威尔逊受德国学者斯坦因和布隆赤里的启发于1887年发表了《行政学之研究》一文，提出了“政治与行政二分”的原则，并认为公共行政应该严格恪守“价值中立”原则。威尔逊所倡导的“价值中立”原则是为了解决当时美国政府管理和政府服务体系的混乱和无效率，顺应了民众对政府管理专业化、稳定化、客观化和标准化的要求，催生了传统公共行政对效率的关注。在威尔逊宣扬公共行政的“效率”观的基础之上，马克斯·韦伯将效率观发展开来。马克斯·韦伯认为要想实现组织管理的合理化必须强调以效率为核心的稳定、严格、精细、可靠的管理。韦伯创立了“理性官僚制”，将威尔逊对“效率”的柏拉图式的追求变成了具有可操作的制度性方案。韦伯建立在“合理性—合法化”基础之上的“理性官僚制”以及同时期的泰勒的科学管理思想与威尔逊的“价值中立”原则相结合催生了20世纪公共行政的科学主义和技术主义导向，在公共行政领域中彻底摒弃了道德价值，使得“形式化”“效率化”成为了公共行政体系的主流（张康之，2006）。

6.2.2 倡导社会公平为主的新公共行政时期

1929—1931 年的经济危机及二战期间“行政国家”的出现,引发了众多行政学者对传统公共行政学的一些基本观点的质疑和批评,传统公共行政“形式合理化”和“效率至上”的外衣逐渐被学者剥开,裸露出的以科学化和技术化为导向的公共行政实践的现实问题引发了公众对韦伯所倡导的工具理性的怀疑。而第三次科学技术革命的到来不仅大大发展了生产力,同时也孕育了大量与理性官僚制格格不入的因素。以美国为代表的西方国家陆续出现了一系列的社会经济问题和社会危机。严峻的社会现实对公共行政学以及政府管理提出了挑战,也引起行政理论界的深刻反思,他们开始对传统行政模式进行检讨与创新。

1968 年在美国行政学者沃尔多的倡导下,发起了一场“新公共行政”运动。参与此运动并赞同其观点的学者被称为新公共行政学派。以美国行政学者的沃尔多和弗雷德里克森为首的新公共行政学派认为:政治—行政两分法、“价值中立”原则的合理性是有待商榷的;传统公共行政学派所倡导的理性官僚体制对价值的一切巫魅的祛除是不妥的;公共行政的核心价值取向应该是社会公平。公平“展现着价值诉求观念体系的总特征,决定着观念体系发展的总方向,维护着价值诉求观念体系的稳定性和统一性”(阮青,2004),它是价值体系得以建立和维系的基础性条件,统率和凝聚着其他边缘化的价值。新公共行政所倡导的社会公平是一种将机会公平和结果公平、行政组织管理的内部公平和社会价值分配公平耦合为一体的公共管理伦理价值诉求体系。

6.2.3 推行以市场化为主的新公共管理时期

20 世纪后期,社会多元化的色彩日益浓烈,在日常生活领域和社会管理领域涌现出多股要求构建和谐生活和要求实现自我治理的力量,“传统社会同质性及其统一、稳定的文化系统解体了,其中只有极少一部分得到承认或被认为是理所当然的”(特里 · L. 库珀,2001)。社会的多元化带来的现实反应就是社会成员需求的多样性,面对多元化的需求政府必须要做出积极的回应,否则其所承担的社会治理责任就将沦为空谈。而传统的追求统一性的社会治理模式已无法满足社会多元化的需求,于是作为政府对社会问题和人民呼声的回应和解决政府自身的财政压力的要求,在 20 世纪 70 年代末、80 年代初,新公共管理运动在西方主要资本主义国家兴起。它的主要方向是将私人部门的管理方法和管理理念引入到公共部门中,在企业逻辑的指导下将市场竞争机制和激励机制引入到公共部门的管理实践中,公共部门应以满足公众的需求为目标,以提高公共服务的质量和扩大公共服务的范畴为己任。这场声势浩大的行政改革运动往往被人们描述为一场追求“3E”即“经济、效率和效益”为目标的管理改革运动,这就是新公共管理范式。批判传统公共行政范式的新公共管理理论重新界定和发展了效率观。在“传统公共行政”的经济、效率原则的基础之上又增加了效益原则。“效益”原则强调效果和利益。这里的效益指的是对社会和发展有利的效果。具体而言,新公共管理理论认为“行政效率”本身不包含有任何的价值判断,行政效率高并不见得是好事,如果方向错了,就不见得能促进社会的进步以及增进社会公平,还可能会造成负面的影响。而“效益”原则包含有价值判断在里面,不仅强调低投入高产出,还暗指这些行政活动在方向上应该是有利于国家、社会和公民利益的，是能够促进社会进步发展和社会公平的。只有这样的高效率才是有效益的。新公共管理时期的公共管理伦理追求是多元化的，责任、公平、善治、回应、服务成为这一时期学者强调的主要的价值诉求。同时新公共管理运动将一种全新的社会治理模式推呈到我们面前，那就是公共管理模式。作为一种以道德为基础的服务型社会治理模式，面对社会主体多元化的需求，必须要强调德治和法治的统一。也就是说我们必须要构建具有合理性和合法性的公共管理伦理体系，这种公共管理伦理体系不仅仅停留在对公共管理伦理的观念和价值诉求的梳理和构建上，还应将这些观念和价值诉求转化为现实可行的制度设计和制度安排。

6.3　西方公共管理伦理演进的主要特征

从传统公共行政学到新公共行政学，再到新公共管理运动，公共管理伦理价值的诉求一直贯穿其中，无论是效率至上，还是倡导社会正义和社会公平，都是和工业化的祛魅过程紧密相连的。这昭示了公共管理伦理价值的追求作为一种社会意识，其演变和发展的过程是有其自身的特征和规律的。

6.3.1　效率观贯穿于公共管理伦理演变的全过程

威尔逊的“价值中立”、韦伯的“理性官僚制”以及泰勒的科学管理理论把效率作为终极性价值来敬仰，认为效率是最大的善。新公共行政学派批判传统公共行政效率至上的工具理性，反对政治—行政两分法，质疑非人格化的理性官僚制的合理性和合法性，倡导社会公平的价值诉求，但这并不意味着他们是完全排斥效率观的。他们并不是否定效率本身，相反，他们提出的回应性政府的构建、社会价值公平的分配、对弱势群体利益的关注、集合机会公平和结果公平的社会公平制度的建立都离不开政府部门高效的运作和管理，而社会公平的体现之一——政府组织内部管理的公平——也在一定程度上反映了政府部门重视内部管理的效率。事实上，我们可以将新公共行政时期的公共管理伦理诉求理解为社会公平、社会正义、个人价值、效率观的整体。进入新公共管理时期，公共管理伦理诉求呈现多元化的态势，多种价值观充斥在公共部门管理公共事务的各个领域，指导着公共部门和公共部门管理者的价值选择和行为方式。尽管如此，效率观仍然是作为制胜的法宝被广为推崇。此时，红极一时的B模式倡导用企业逻辑指导公共部门来履行社会管理职能，主张将市场竞争机制引入到公共服务和公共产品的供给机制中，强调从关注顾客的视角去满足社会公众的需求。而提高公共部门管理和作为的效率毫无疑问成了上述主张得以实现的基础和保障。当然，这种效率观不同于传统公共行政学派所强调的机械效率观、非人格化的效率观，它扩充了机械效率观内涵的外延，更重视个人价值，更注重政府供给和社会需求的有效契合。由此可见，对效率的重视贯穿于公共管理伦理演变过程的始末，只不过在不同时期、不同学派对效率观的内涵和外延的界定和要求有所不同罢了。

6.3.2 社会公平和社会正义成为公共管理伦理体系的核心

"理性经济人"的假设使得传统公共行政学派忽视了个人价值的存在,并且该学派的学者认为个人价值是孕育于组织价值之中的,这意味着只要实现了组织的价值,个人对价值的诉求诸如快乐、幸福、内在价值的实现等自然而然就可以成为现实。因此,公平和正义在传统公共行政学派的学者看来是功利的,是服务于工具理性的。但事实表明,传统公共行政学派出于"形式合理性"和"工具理性"的要求而对一切价值因素的"祛魅"造成了公共行政实践的畸形。一系列的社会问题和政治丑闻使得社会公众对社会公平、社会正义、平等等伦理价值的需求呼之欲出,而新公共行政学派的理论倡导恰好迎合了这些呼吁,正所谓"生逢吉时"。同时期罗尔斯的"正义论"为在公共行政领域构建伦理体系产生了深远的影响。罗尔斯所提出的社会公正强调关注个人价值,强调关注社会公平保障的差异性。这两项基本内容成为公共行政伦理学的基础和组织民主的原则,对后期公共管理伦理体系的构建奠定了价值基础和理论基石。如果说新公共行政学派对社会公正的追求和倡导仅仅停留在"口号式的呐喊"层面,那么新公共管理运动的倡导者却将如何满足社会公众多元化的价值诉求和现实需求提到了重要的实践层面。满足公众对社会正义、社会公平的需求成为了公共部门治理和善治的原始动因。历时态地去梳理社会公正从无到有的历程就会发现未来我们对社会公正的价值认同和价值选择只多不少,而且社会公正必将成为未来公共管理伦理体系构建的核心价值基础。

6.3.3 中心化与边缘化价值诉求共存的公共管理伦理价值结构形态将长期存在

所谓中心化的价值诉求是指在公共管理伦理价值结构中处于中心位置的价值诉求,例如平等、公平、公正、效率。而边缘化的价值诉求虽不是公共管理伦理价值结构的主导诉求,但却作为中心化价值诉求得以实现的有效支撑而将长期存在,两者相互依赖、相互支持、相互补充。纵观西方公共管理伦理的演变的三个阶段,中心化与边缘化价值诉求共存的价值结构一直存在。传统公共行政时期虽然倡导效率至上,但科学化、法制化、民主化等诸多边缘化价值诉求同时存在。新公共行政时期是以公平价值为中心,但对民主、平等、正义、回应、创新等诸多边缘价值的追求和呼吁从未停止。而新公共管理时期本身就是一个呼吁价值多元化的时期。

6.4 西方公共管理伦理的嬗变对我国的启示

通过对西方公共管理伦理演进的历史脉络的纵向梳理和对西方公共管理伦理价值观演进主要特征的探究可以发现,公共管理伦理的时代价值凸显。也就是说,我们应该在梳理和分析公共管理伦理演进的历史经验的基础上,构建我国现代公共管理伦理体系,为创建服务型政府、实现政府的治理和善治提供合理的价值导向。

6.4.1 实现现代公共管理伦理的制度设计和制度安排

在十八届三中全会《中共中央关于全面深化改革若干重大问题的决定》中指出:全面深化改革的总目标是完善和发展中国特色社会主义制度,推进国家治理体系和治理能力现代化。为了实现改革总目标要求,不仅要求我国公共管理实践更有效率、更加公平,同时强调了我国社会主义民主政治必须制度化、规范化、程序化、法制化。公共管理伦理体系作为整个公共管理部门治理的价值导向和价值索引,必须要落到制度层面,形成制度性伦理体系,只有这样才能保障国家治理过程中价值选择的合理性和合法性,从而有效地推进公共部门管理实践的创新,实现治理和善治。而且公共管理服务性决定了公共管理伦理的首要任务是理清公共管理服务精神的内涵和外延,并在此基础上探讨其实现的制度设计和制度安排,找到公共管理者在公共管理活动中贯彻和落实这种服务精神的实现途径。

6.4.2 理清现代公共管理伦理的作用场域及其相应的规范标准

皮埃尔·布迪厄关于"场域"的论述带给我们的启示是现代由于社会高度分化催生了各种相互区别又相互联系的"场域"的存在。这些"场域"之间的界限是模糊的、动态变化的,有时,"场域"之间是相互交织在一起的(郑乐平,2003)。同时,每个"场域"内部都存在属于自己的"性情倾向系统",布迪厄将这种"性情倾向系统"称为"惯习"(Bourdieu P,1990)。这种惯习是和受场域内的客观环境和当事人的社会经历所影响从而在无意识的状态下内化于"场域"内个体的一种持久性的禀赋。这种持久性的禀赋是具有连续性、生长性和可转移性的(李全生,2002),它深深地植根于"场域"内各个成员的意识和行为当中,规范和指导着"场域"内成员的意识和行为。根据布迪厄的"场域"理论我们可以推理得出现代公共管理也应有自己明确的"场域",并且应该形成自己"场域"内明确的"惯习",用以规范和指导该"场域"内成员的行为。而当下,随着我国公共管理职能的演变和社会化以及公共管理主体多元化发展,预示着我国公共管理活动的领域也将会不断拓展,"公共管理场域"的范围和作用空间也将呈扩大的态势,现代公共管理主体作为社会关系的"结点"必然会同该场域之外的其他"场域"成员发生联系。这就意味着公共管理主体必须要行动起来,明确各自施政的"场域",同时必须要将公共管理伦理价值观作为本"场域"内部的一种"惯习"进行发展和沿承。公共管理主体应当加强对于公共管理活动的研究,明确各自相关公共管理活动的范围及其相应的伦理标准,并试图将这种伦理价值标准内化于公共管理主体之中。

6.4.3 构建效率与公平兼顾的现代公共管理伦理体系

从历时态的角度去梳理公共管理伦理嬗变的过程会发现公共管理理论发展的各个时期对效率和公平的追求从没有出现断层。我国现代公共管理受"功绩制"原则的导向必须要重视现代公共管理活动效率的提升,并强调建立和贯彻以效率和绩效为基础的绩效考核制度。"功绩制"原则已经成为指导我国公共管理部门日常活动的制度性原则。但是这并不代表我们完全推崇效率至上的伦理价值观，对效率的崇尚绝不应以牺牲公平为代价。特别是我国正处于社会变革和社会转型时期，社会阶层利益多元化导致社会公众社会诉求的多元化，借力自媒体这些社会诉求被迅速放大的概率在增加，时间在缩短，这必然会将原来隐藏在社会深处的社会矛盾和社会问题推到历史发展的前台，引发更多利益相关者的围观。所以此时将社会公平和社会正义纳入到现代公共管理伦理体系中来是具有重要实践意义的。这种对公平的强调不仅是传统意义上的关注分配公平，减小贫富差距，而更应该关注程序公平和人际公平，也就是说现代公共管理活动一定要在一个可以使社会公众感知到公平的环境中按照公平公正的程序去开展，这样一种强调社会公平和社会正义的伦理体系不仅可以成为我国建设“阳光政府”和“服务型政府”推动力，还可以为治理乃至善治提供伦理价值的支持。当前我国公共管理部门的社会管理职能不断增多，公共管理主体所处的社会环境复杂多变，因此要构建效率与公平兼顾的公共管理伦理价值体系必须要在公共管理伦理精神建设中注入理性精神和民众意志，加强社会外围力量对公共管理领域的伦理质量和伦理环境的监控，并且应该从制度上和体制上形成一整套完整的伦理质量和伦理环境的监控机制，其中应该包括完善的组织机构设置、激励机制设计、运行制度安排，并设立长效保障机制以及问责制度。

6.4.4 促进公共管理主体道德自觉自动生成机制的形成

公共管理主体是公共管理活动中具体政策的制定者和执行者。他们不仅是公共产品和公共服务的提供者和维护者，同时也是公共管理活动被作用的对象。因此，公共管理主体既具有追求个人利益的天然属性，又承担着维护公共利益的重要使命。至此，公共管理主体会在公共“场域”和私人“场域”交汇的中间地带出现利益冲突并利用手中权力优先考虑自身利益的行为便不难理解了。另外，根据博特的社会网络理论中关于“结构洞”理论的论述，我们可以自然地认识到公共管理的主体实际上是处于社会“连接点”的位置，这一特殊的位置决定了公共管理主体必然会在社会关系中扮演“架桥”的角色。公共管理主体会通过其所拥有的权利和职务之便协调各相关利益主体之间的关系，并为其所处的人际网络中具有潜在交易行为的交易双方架起信任的桥梁。在此过程中，公共管理主体由于其协调和运作而谋取一定的“中介费”的行为便成为一种潜在规则内化于公共管理主体和其工作对象共存的社会网络中，这种潜在规则必然会造成公共利益的私有化和独占化，虽不会减少社会总福利，但会减少其他社会公众的利益，使得社会公平的天秤偏向了少数利益既得者。因此，由于公共管理主体自身属性和其在社会网络中所处位置的特殊性，构建公共管理主体的道德自觉自动生成机制可以成为走出现代公共管理伦理困境的一条现实有效的路径。这种道德自觉自动生成机制首先需要建立在公共管理主体自身进行道德修习以将美德伦理内化的基础之上，这一内化的过程需要公共管理主体自身加强学习，不断提高伦理道德水平，树立正确的价值观和理想观，找到正确实现和体现自身价值的途径和方法。其次，公共管理主体道德自觉自动生成机制的形成还需要社会公众力量和国家的介入和支持。社会公众对公共管理主体的角色期待应该褪去公共管理主体“神化”的外衣从而更加现实化、“平民化”，应该考虑公共管理主体自身利益的诉求，而国家必须在协调公共管理主体自身利益和公共利益的矛盾冲突中扮演主导角色，提高公共管理主体的福利待遇、建立完善的淘汰机制以增加其伦理道德失范的机会成本，通过制度化的伦理体系消除公共管理领域的道德空场，在全社会范围内树立和倡导社会公平和公正的价值诉求。

第7章　公共管理热点问题研究

20世纪中叶，西方发达国家和主要经济体顺利实现了工业化转型，信息科技逐渐主宰了世界经济新秩序，国家治理形态和运转结构也发生了深刻变化，反观中国30多年的改革开放，内在革新不断深化，对外开放兼容并蓄，工业化、信息化、现代化等进程重叠共生，较之于长期计划经济体制下形成的社会形态和本位公共逻辑，与公众生活切身相关的问题总是引发社会的广泛关注，造成了热点迭出的景象。

当前，以经济体制改革为核心的综合改革将不断深化，我国尚处于工业化中期，却要面临云计算、物联网和大数据时代的诸多挑战，尤其是自媒体的迅速普及和快速扩张，个体或群体的私问题、一定地域或范围的社会问题等均有可能在网络社会中被迅即扩大和发酵，通过外在的信息反馈、舆论传播和公众评价等，对公共决策产生积极或消极的影响，与国计民生息息相关的问题逐渐得到社会共鸣、广泛流布和持续关注，形成一定时期、区域或长期受到公众质疑或赞赏的具有公共社会效应的热点问题，推动具有公共价值的问题，在政府能力的有效保障下，同时得到社会广泛支持和理解，以期科学有效地应对和解决这些热点问题，完全照搬发达国家新公共管理理论和实践，抑或延续既有行政管理和社会治理传统甚或与发展中国家和欠发达国家管理保持相对统一等，均和特色市场经济体制和社会民族文化精神不相适应（Robert& Janet，2000）。

为此，立足转型期中国全面系统的综合改革时代背景下，剖析中国特色的公共管理热点问题的主要内涵和基本外延，在深入剖析当前和未来一个时期具有代表性的公共管理实践热点问题的基础上，总结性地提出公共管理实践热点问题的突出领域，进而对中国行政管理体制改革理论问题进行探索和解读，最终构拟出中国特色的公共管理理论与实践发展之路，对于国家未来发展和民族复兴大业具有极其重大的意义。

7.1　全面深化综合改革的时代背景及其特征

公共管理在中国的实践，必须顺应中国发展的阶段性要求，与全面系统地推动经济、政治、文化、社会和生态文明“五位一体”的综合改革相适应，其中在一个区域、时段长期存在的热点问题，也必然与所处的时代背景息息相关。

7.1.1　自媒体

自媒体也被称作公民媒体，1964年，加拿大传播学者麦克卢汉在《理解媒介：人体的延伸》一书中，首次针对网络社会生活的本质，提出“媒介即信息”这一观点，明确媒介和信息之间的高度一致性及同源统一。

新世纪初，美国学者谢因·波曼与克里斯·威理斯在其关于We Media（自媒体）的报告中，极具代表性地认为公众通过自媒体，自我生产提供并与他人分享和传播信息，即每一个人成为新闻的制造者、传播者和享用者，较之以往任何时候，公众一定程度上扩大了信息的话语权和主导权。当网络生活已然成为公众生活重要组成部分，以快速、便捷且成本低廉的网络信息终端为载体的微博、微信等，公众实时经历或见闻等均可通过即时语音、视频、图片等快速发布传播，公众作为媒介信息的传播主体得到社会广泛的认同。

当智慧地球的理念广泛而深刻地影响着人类社会的发展演进，网络社会作为人类社会总体不可分割的部分，自媒体也须遵循现实生活的社会规范、法律制度、运行机制、道德观念和伦理思想等，自媒体可以自主选择现有媒介方式访问并参与网络生活，分享自己的真实看法，却并非想到什么就说什么，肆意损害他人利益和危害社会公共安全均应被严厉惩罚和打击(Liu Dawei,2008)。简言之，自媒体的根本特质是传播方式的改变，已成为信息传播最活跃的主体和蓬勃发展的舆论场，个体诉求和群体效应能够快速甚至即时放大，引发社会广泛关注，进而可能成为公共问题得以关注、解决抑或逐渐淡化直至搁置。

7.1.2　新型城镇化

新型城镇化是相对传统的城镇数目和城市人口规模为代表性的城镇化而言的，在我国的已有实践中，农村被城镇化、农民被上楼等现象比较普遍，片面追求人口规模、城市面积和城市化率，近3亿的农民工若不计算在内，中国的城镇化水平仍未过半，特别是在唯GDP论的驱使下，官本位思想促使一些地方简单粗暴地推动城镇化，缺乏科学规划和综合评价，不考虑当地经济、社会、文化、环境等的发展规律和承载力，使政府公信力受到伤害，引发了一系列公共事件值得全社会深思。

新型城镇化的核心在于不以牺牲政府公信力和公众切身利益、农业和粮食、生态和环境等为代价，着眼农民生存生产生活实际，涵盖农村农业发展现状与未来，尊重科学发展规律，逐步实现城乡基础设施一体化、公共服务均等化，促进经济社会均衡发展，实现共同富裕，加快城乡一元化进程。

新型城镇化的基本特征是城乡统筹、城乡一体、产城互动、节约集约、生态宜居、和谐发展，是大中小城市、小城镇、新型农村社区协调发展、互促共进的城镇化。

7.1.3　政治体制改革

十八届三中全会明确指出，完善和发展中国特色社会主义制度，推进国家治理体系和治理能力现代化是全面深化改革的总目标。在未来很长一个时期里，改革仍然是时代的主旋律，科学的宏观调控，有效的政府治理，是发挥社会主义市场经济体制优势的内在要求。这对政府治理提出了更高要求，不仅要切实转变执政观念，深入调整治理结构，创新公共管理模式，更要健全宏观调控体系，履行市场经济服务职能，通过建设法治政府和服务型政府，增强和巩固政府公信力和执行力，提高科学管理水平。

经过长期不懈的努力，我国政治体制改革取得了很多成果，比如坚决废除了领导干部终身制、建立了公务员制度、简化了行政审批流程、确立了信息公开制度、彻底取消了养老保险双轨制、下放和取消了数百项行政审批项目、全面实施了三公经费改革、开展了卓有成效的腐败惩治和风气净化等与群众切身利益相关的重大实践。

在现实生活中,门难进、脸难看、事难办的恶劣现象时有发生,职能交叉、权责不清、公务员热、异地办证难、吃拿卡要、人员冗余、蛮横执法等已引起有关部门的高度重视,也采取了一系列措施,但总体而言头痛医头、脚痛医脚,缺乏主动自觉查找问题和整改措施,事前预防、评价和监督机制匮乏,事后采取息事宁人、掩饰过程和消极阉割处理等工作作风仍占主导地位。

在政治体制改革进程中,时刻须坚持党的正确领导,体现人民当家做主,贯彻依法治国理念,务实推动社会主义民主政治实现科学化、体系化、法治化,通过社会主义法治国家的建设,凸显人民民主的时代要求和发展诉求,对政治体制内在结构、运行机制及服务质量等进行科学有效的改革,建立科学有效的考核评价与质量评估体系,凸显公平与正义。

7.1.4 深化经济体制改革与扩大开放

目前,我国的资源分配方式不尽合理,价格体系运行不畅,市场交易不够透明,部分企业和中间商不当得利过大等造成现有利益格局对深层次利益调整阻力较大,改革的攻坚难度加大。

改革开放30多年以来,在取得辉煌成就的同时,改革所面临的将是更难啃的"硬骨头"和"金骨头",改革不用再摸着石头过河,要自信地畅游于"深水区"和"攻坚区",以"更大的勇气和智慧",充分认识到市场在资源配置中的决定性作用,积极参与国际人才资源竞争,加快创新创业体系建设,并在进一步深化经济体制改革进程中,现代市场经济体系及其运行机制不断完善,建立以现代治理体系和治理能力为前提,以服务为导向的宏观调控,切实转变经济增长方式,打破行业、产业经济垄断,鼓励并开放民间资本参与更深层次、更广泛的经济领域,逐步搭建公平、透明的面向所有资本形态的市场竞争平台,推动经济总体高效率、高质量、低投入、低成本的可持续发展。

同时,要特别强调经济发展方向与基本经济形态,建立和完善与现代市场经济发展相适应的财政、税费制度,大力推动区域、城乡、阶层统筹一体化发展,减少甚至逐步消除影响市场开放、竞争、公平的阻碍因素。加快现代市场运行机制建设,让市场发挥调节商品价格、调配生产要素、均衡资源分配、缩小收入差距的应有作用,把提高社会福利和维护公共利益作为经济社会发展的出发点和落脚点。未来很长一个时期里,政府应向欠发达地区和关键行业倾斜,给予政策、财税、建设等多个领域的扶持,使整个社会能够共享改革建设与开放发展的巨大成就。

7.1.5 环境友好型社会

在现阶段,我们的技术经济条件根本无法做到对环境不产生任何危害和影响,环境友好包含两个层面:首先是基于现有技术经济条件的社会经济活动对环境的负面影响最小且环境能够在可持续的前提下承载;更深一个层面讲,生态系统对于社会经济活动的资源供给量和环境的自我净化能力保持在可控范围内,即社会经济活动与生态环境系统处于健康可持续的良性循环之中。

就我国而言，雾霾集中长期存在等大气污染问题、富营养化和水体过载等水环境污染问题、垃圾围城围村和白色垃圾普遍存在等垃圾处理问题、近三成的土地荒漠化和沙尘暴等沙灾问题、毁林开发和植被破坏等造成水土流失问题、旱灾和水灾及次生灾害等问题、物种濒危和大肆捕杀等生物多样性破坏问题、WTO 绿色壁垒与生态环境破坏国际化问题、三峡库区的污染防治和生态系统破坏问题、持久性有机物污染问题等衍生出的诸多问题已成为社会顽疾，严重影响我国经济社会的科学可持续发展。

环境友好型社会的建设，不仅是我国经济建设和社会发展的必然要求，符合科学发展的时代需要，也顺应全球环境持续恶化、攸关全人类的福祉。一方面需要切实转变经济社会发展模式，使人口、资源、环境与经济发展目标更加趋于一致，以环境保护为前提推动可持续发展的实现，另一方面迫切需要加大对可再生能源开发、资源循环利用、无害化生产等科技创新的力度，使生态理念贯穿经济社会发展的始终，积极促进人与自然的平衡，最终实现社会、经济、文化、生态等方面的综合效益，致力于在各个领域凸显生态环保的观念，开展国际合作与交流。

7.1.6　文化大发展大繁荣

民族复兴的本质在于增强文化自信、实现文化自立、扩大文化影响、成就文化领先，归根结底就是文化强国战略的成功实践。我国目前应进一步完善文化管理体制，构建文化促进机制，尤其是公共文化服务体系的建立及文化市场的现代化将深刻影响文化的健康可持续发展。

首要任务是彻底扭转改革开放以来，过度强调文化的经济价值及其内在既得利益的弊端，更加凸显文化的环境、社会、人文等效益，遵循文化发展规律，满足市场经济改革与发展的要求，特别是要强化文化法治建设，推动我国文化事业与文化产业科学健康、有序地发展。

我国正从文化大国转向文化强国，这就需要激发民族文化创造活力，社会文化生活得到极大丰富，基本文化权益得以保障，公民综合文化素质和思想素养全面提升，充分发挥文化在国家富强和民族复兴中的核心地位，增强全世界华人的文化认同和观念传承。

7.1.7　和谐社会建设

进入新世纪以来，全面建设小康社会成为全国上下共同的奋斗目标，和谐社会建设成为新时期战略任务和重大目标。自十六大报告第一次提出“社会更加和谐”这一重大历史命题，十六届四中全会更加明确了构建社会主义和谐社会的基本内涵：民主法治、公平正义、诚信友爱、充满活力、安定有序、人与自然和谐相处。

和谐社会总体上讲，就是要变“哑铃形”的社会结构转变为“纺锤形”，扩大整体社会的中间阶层数量，缩小区域、城乡、阶层等之间的收入差距，减少甚至消灭贫穷，强调法治建设以严惩腐败和各种违法获利，落实各项收入分配政策，加大对创业的扶持力度，化解各种社会矛盾，规范社会行为和强化道德伦理，推动社会秩序性运转，建设富有活力、幸福和谐、公正公开、节约务实的全面小康社会。

构建社会主义和谐社会主要是在推动经济的可持续发展的同时，强化思想道德和民主法治建设,自始至终坚持依法治国,促进社会公平正义,焕发和增强全社会的创新活力,提高社会建设和公共管理能力,妥善化解人民内部的各种矛盾,切实促进生态环境的科学建设和有效管理,维护好稳定、改革与发展的关系。

7.2 公共管理热点问题的主要内涵与基本外延

公共问题具有影响的不可分性(Indivisible)和“社会共享性”(陈庆云,2000),参与对话的个体或群体总是受到公共问题不同程度的影响,社会中不存在置身公共问题之外的人,空间、时间、族群等界限往往被公共问题所跨越,其中能够成为热点的公共问题,总是和公众切身利益相关,对经济社会发展危害巨大且挑战生存、法纪、道德底线,在一定区域或领域使集体无意识和共同文化心理造成普泛性影响,最终在纷繁复杂的公共信息传播中被遴选甄别出来成为公共热点问题,也不乏被居于强势地位的利益团体或个人所裹挟。

7.2.1 公共管理实践热点问题的主要内涵

1. 公共性与必要性

公共问题一方面由于其涉及社会运行过程中的所有环节和内在结构中的所有要素,必然对社会整体运行产生影响,特别是社会发展的目标与进程总是受到某些公共问题的直接或间接影响,与某一个公共问题相关的人的利益总是受其左右;另一方面公共问题指向的对象就是公众,即公共问题就是公众关心的问题,被社会广泛关注、意识及认知的问题,公众迫切需要解决的问题。

2. 现实性与重要性

现实中存在的社会问题能够被公共管理所关注,应是客观存在的现实问题,这也可视为一种有必要且必须立即解决或今后解决的事实状态,与公众都有关系或部分公众相关,公众的利益诉求和要求构成了公共问题迟早都要解决的状态,即现实性也是公共问题的重要特性。

3. 动态性与变化性

随着社会经济的发展和各种条件要素的变化,公共问题不可能一成不变地固化下来,甚或问题本身也会因为某些人、群体或事件的影响而发生变化,尤其是当一些旧的问题解决后,同时也可能产生新的问题,抑或此时此地需要解决的社会问题,彼时彼地就可能不再是公共问题所关注的对象。因而,必须坚持科学、发展、变化的眼光剖析、阐释、解读和解决公共问题。

4. 基础性与民生性

公共问题是公共管理过程中的基础性问题,也是公共管理预期效果和目标得以实现的主要路径之一,公共问题总是受到公众的高度关切,其对象总是与公众切身利益紧密相关,因其公共性、现实性、民生性和动态性的特征,公共问题得到妥善处置或解决对于实现公众利益,维护公共管理的公信力,化解社会矛盾,构建和谐社会具有重大意义。

5. 确定性与不确定性

进入公共管理范畴的社会问题，总是有利于可控与不可控之间，一旦社会问题成为公共问题，必然被公众所知，受到社会关注，其重要性和必要性即得到确证，这是公共问题的确定性含义，相反，公共问题所涉环境、条件、路径、目标等无时无刻不在变化，运作结构和机制极其复杂，决策者和决策对象均难以把握其正确与否，也无法完全无误地对其结果进行预测，即公共问题也存在不确定性，故此，公共问题是重要性、必要性、可控性与不可控性的有机统一体。

7.2.2　公共管理热点问题的基本外延

1. 公共问题来源于社会问题

社会问题必须成为公共管理的对象，才称其为公共问题，公共问题来源于社会问题，公共问题肯定都是社会问题，但社会问题却不全部都是公共问题。

与社会问题一样，公共问题中有公益性的问题，也有公害性的问题，公众个体的价值取向和自身诉求，若与群体性的价值取向及其公益目标存在差距或较大出入，就无法构成公共问题。反之，公共问题不仅是要反映公众诉求，更是反映客观意义上潜在的、公众共同受其影响的、满足公众利益诉求的问题，公众在其中共同收益或共同受害，即公共问题源于且高于社会问题。

2. 公共问题与私人问题相对存在

公共问题总是超越了“私域”范畴之上，单一的个体或群体的问题，在未被社会广泛关注之前，只是个人或群体问题，即使被社会关注，尚未被纳入公共管理视域中予以考量和解决，只是社会问题。

同时，公共问题是超越地域、时间和群体等限制的，对公众的生产、生活甚至生存产生影响，如食品安全、文化教育、卫生医疗等；有些问题也可能超越国界而存在，对人类的共同生活造成现实或潜在影响，如生态环境、人权自由等。

3. 公共问题由政府主导予以解决

无论政体有何不同，基于资源有效分配的方式，政府规定了顶层设计，还直接或间接地参与着社会运转的所有环节，公共管理中所相关的所有要素只有听命于政府，才能发挥出应有的效用。

在新公共管理盛行的当下，公共服务和服务型政府的理念在全球范围内得以认同和运用，加之公共管理领域的拓展和福利社会的到来，赋权型社会成为所有国家的发展趋向，只有政府有能力、权威和条件统筹协调全社会的资源，调动公众和第三部门的积极性、主动性，凝聚全社会的力量，使公共问题得以妥善解决或阐释。

4. 公共问题的最终目标是实现群体利益最大化

社会秩序性稳定的运转是全社会的共同追求目标，群体利益是个体利益和诉求的有机统一，充满了个体与个体、群体与个体、群体与群体等之间的协调和妥协，个体利益和诉求有可能在此过程中被采纳和提高或阉割或矮化，只有群体利益大于个体利益而存在的社会才能确保社会有秩序的进步。

诚然,由于所处社会地位的不同,对群体利益可能产生积极或消极的影响,但总的来讲,个体利益总是无法左右群体利益的倾向性,因为没有任何一个统治阶层情愿主动自觉地放弃自身地位和既得利益,同时既有的文化传统也规定了个体从属于群体的基本观念体系。

7.3 公共管理热点问题的突出领域与影响分析

改革开放以来,特别是进入新世纪以来的十多年,我国经济经历了高速增长的时期,现正处于转型调整的关键阶段,国内外多种不确定性因素影响加大,尤其是公共民生领域诸多问题和矛盾集中显现,其中暗含的诸多问题值得深思。

7.3.1 决策审批

行政审批项目过多、流程烦琐、环节冗余等,不仅严重阻碍、制约甚至伤害市场经济及其参与者的热情,也严重浪费宝贵的公共资源,亦是诸多社会矛盾的诱因甚至主要因素。不完全统计自 2013 年 4 月至 2014 年年底,国务院即先后取消和下放了 798 项行政审批项目,主要涉及投资、生产经营活动、资质资格认定等,旨在缓解和解决单位、企业和个人等办事难的问题,减少审批环节,降低管理成本和办事成本,提高政府部门公共服务效率,增强经济生产和社会发展活力。

进入新世纪以来,我国经济发展和社会格局发生了深刻变化,发达与欠发达地区间的发展水平差距愈来愈大,贫富差距不断拉大,公众法制观念和自我私权意识日益增强。全球新兴经济体的快速崛起,使得国际竞争压力快速增大,因群体或个人利益引发的诸多不稳定因素增多,加之长期过度关注经济增长,疏于自然和社会环境的科学管理,传统计划经济体制下的特权思维和社会管控理念未能及时转变,政府治理体系和治理能力迟滞于经济社会发展和社会治理结构快速变化,公权力部门门难进、脸难看、事难办和从业人员特权多、不作为、懒公事的现象屡见不鲜。国家层面简政放权,出台为民务实清廉的八项规定,全社会践行群众路线,切实为公众谋福利不仅有利于挽救政府威信和强化执行力,也为地方政府能够认真贯彻落实以经济体制为核心的综合改革,推动公权力部门及其从业人员能够持续为民谋福祉做出积极努力,加快公共事务的办事效率,降低公共投入的行政成本,提高公权力部门的综合效益,为我国能够顺利渡过中等收入陷阱,实现民族复兴和持续健康发展奠定坚持的政治体制基础和社会支持条件。

7.3.2 社会稳定风险评估

2012 年 8 月 16 日,《国家发展改革委重大固定资产投资项目社会稳定风险评估暂行办法》(发改投资〔2012〕2492 号)颁布实施。“十一五”期间,四川遂宁、江苏淮安、上海等地开展了社会稳定风险评估的试点工作,并结合自身实际展开了有益探索,取得了有价值的实践经验。此举主要是为了促进社会公平与正义,鼓励和激发公众参与社会管理和公共事务的积极性和主动性,提高重大投资项目的透明度,维护公众切身利益和公共安全环境。

从国内外已有的实践看,凡是社会动荡地区或国家,经济必将受到重创且长期萎靡不振，社会生活秩序根本无法得到保障，人民财产利益甚至生命安全受到极大威胁，反之持续的社会稳定是保障国家和民族利益不受侵犯，也是促进经济繁荣和人民福祉的根基所在。但在实践中，如何实现社会稳定风险评估事项或项目信息透明、履行程序和原则公正、操作流程和细节公开、利益诉求和分配公平是其科学、合法、合情、合理的根本。避免流于形式，杜绝懒政行为，抑或从完全屏蔽或忽视公众诉求转向无条件地陷入公众意见之中，要采取一系列行之有效的措施使公众在完全理解项目或事项内容的前提下，尽可能让公众在不受外界影响的情况自愿做出理性判断。

7.3.3 房地产调控

从1978年开始，我国立足经济社会发展的实际情况，出台了一系列房地产调控政策，特别是2003年至2012年10年间，为了稳定房价，使房地产发展回归理性，控制房价过快增长，满足公众居者有其屋的愿望，我国土地和商品房价格虽有震荡或波动，但总体处于增长态势，而且出现了调控就横盘，很快又进入上涨通道，按年度走势来看，10年来房价拐点仍未出现，2003年至2012年全国住宅均价整体涨幅高达145%。

市场经济的参与主体总是追求自身利益的最大化，政府在决策过程中尊重民意但不能被民意所裹挟，房价虚高的问题也不能完全归咎于地产商的贪婪，更不能谈及购房者受传统文化观念制约及过度趋利，也不能完全归咎于土地财政的影响。我国已经历了三十多年的改革开放，但土地财政的状况未能得到根本改观，且房地产业仍然是国民经济的支柱之一，是刚性需求最大和保值升值最高的投资项目。制造业尤其是高端制造业仍然是经济发展的短板。同时现代服务业的发展也不尽如人意，加上社会投资渠道过窄，市场投资产品过少，现有投资模式和形态均不利于实现以家庭或个人为主体的投资收益，尤其是不规范操作和机构操盘现象严重，导致大量闲置资金和热钱流向地产行业，纯粹的行政干预，使用有形的手调控效果必然大打折扣。实践证明，过去十多年的地产调控政策并没有实现预期的效果，反而成为推高房价和巩固地产业的力量之一，未来应从经济全局出发，让市场承担其应该有的资源配置的角色，以引导为主促使地产业逐渐回归理性轨道，尽力避免和降低大起大落带来的不利影响。

7.3.4 教育

教育一直是全社会高度关注的焦点领域，从幼教、小学、中学直至大学、研究生教育等，国家出台了一系列的政策，教育投入占GDP比重也首次超过了4%，但与公众亲身体验差距依然较大，特别是教育资源的配置严重不均导致择校生、抢生源、抢学位、练加分项等诸多社会问题，至今无法妥善解决。特别是国家相关政策具体落实过程中，出现了增负的撤点并校、跃进型的两免一补、缩水的蛋奶工程、不受待见的异地高考、如鲠在喉的研究生收费、拼爹式的划片入学等实际问题。

1. 撤点并校

自20世纪90年代末以来，随着农村人口向城镇流动速度不断加快、城镇化进程不断提速、生活水平提高后大量乡村中小学生涌向城镇，民办教育的蓬勃发展也使农村中小学生存环境发生了深刻变化,撤村并校、撤乡并镇甚至中小学集中于城市布局等,全国范围的农村中小学重新布局势在必行,同时因此而带来的相应的土地存留、减少的财政支出投向看得见的城建项目、社会责任也因此摊薄等,从 1997 年至 2010 年,短短 14 年间全国农村小学减少了 302 099 所。

撤点并校的初衷是更加合理科学的配置,使有限资源实现效益的最大化,但对于地方政府而言,教育投入是难以看到显性且持久效益的。相较于此,GDP 为代表的经济指数是政绩考核评价的重中之重,于是撤点并校成为地方政府甩包袱、降投入、强经济的由头,在此观念从支配下,全国范围内尤其是村小规模和数量及条件等不断瘦身,取而代之的是义务教育之外的私立学校林立,住校、交通、用餐等需求得到极大释放,不仅变相地增大了家庭经济压力,也造成了诸如中小学生交通事故频发等恶性事件和突出问题。如何在出台一个政策的同时,能够更加宏观地出台或修订配套的一系列政策使之执行力不打折扣,保障受教育主体利益得到系统性全面保障,促使教育等民生工作成为政绩考核和发展评价的重要指标,成为亟待考虑的问题。

2. 两免一补

2001 年开始,针对农村义务教育阶段的贫困家庭学生,全国范围内施行对农村义务教育阶段贫困家庭学生"免杂费、免书本费、逐步补助寄宿生生活费"的政策,截至 2007 年,该项政策基本实现了全覆盖。

但从现有数据看,2005 年 70 多亿元资助了 3 400 多万人,2006 年加上西部地区全部免除学杂费资助人数达到 4 880 万人,仅按照 2005 年的数据平均计算,每一位贫困家庭学生的"两免一补"补助金约为 206 元,这笔费用占学生日常费用比重、地区或个体间的差异、实施效果评价指标、经费使用项目、激励和惩罚机制等仍然缺乏细化和明确,其中"两免一补"政策惠及全国家庭经济困难学生的论断与社会舆论不断曝出的大量适龄儿童失学或做童工等现象矛盾,同时单一地依赖中央和地方财政是否能够保证政策持续也备受关注,促使地方政府能够主动参与该政策不折不扣地落实。

3. 蛋奶工程

从 2009 年秋开学起,全省十一个市(区)面向义务教育阶段学生,尤其是重点为解决农村寄宿生和贫困生营养不良突出问题的"蛋奶工程"全面启动(所需大部分资金由各级财政负担),这项被学生和家长普遍欢迎的民生工程,其覆盖面逐年扩大。

蛋奶工程的初衷是公益项目,但在市场经济大环境下,蛋奶在生产之外的采购、储藏、运输、发放及监管等环节均需要一定成本,所有环节均处于市场经济调节和运行之中,相关企业和从业者的利益如何保障,全国范围内多个省市和地区曝出的过期产品、减量供应、官民争利、三无产品等丑闻,使各级地方政府,尤其是基层管理部门和从业人员陷入了好事好心办坏事的尴尬境地。

4. 异地高考

随着大量城市流动人口和进城务工农民工在异地工作时间的推移,其子女在流入地参加高考的问题日益迫切。时值 2012 年 9 月 1 日,国务院出台相关政策,要求当年底各省(直辖市、自治区)必须出台异地高考地方政策,部分省份出台了相关政策,但北京、广东等却规定外地户籍考生暂不能在当地报名参加高考。2013 年全国仅约有 4 500 名考生异地高考，占 912 万全国考生总数的比例为 0. 000 5。

随着该政策的深入推行，目前全国所有省份均已出台相关政策，但由于教育资源的分配不均衡，城乡之间、发达与欠发达地区之间，甚至一市一县之间，招生数量、名校比例、教育质量和学生素质等均有所差别，也就导致全国性的异地高考政策在地方执行过程中，如何确保政策符合地方实际，寻求本地和迁入学生利益的平衡点，公平对待每一位高考考生，通过不断提高欠发达地区和老少边穷区域教育教学质量，缩小与发达地区和高考强势地区的距离，较大范围地对全国各省市进行归类，如河北、河南、山东等省作为传统录取高分区放开异地高考也不会出现大幅增长，而北京、天津、上海、广东、浙江、江苏等发达省市不仅外来务工子女多且录取率高等原因影响就不能完全放开接受异地高考，云南、贵州、西藏、海南、新疆、青海、重庆、四川等西部省区市如果放开异地高考将严重损害本地学生利益。因此，异地高考政策只是短期权宜之计，长期来看高考的不公平现象将持续存在，需要宏观地从经济、社会、政治、文化、生态等多个层面全国统筹配置教育资源，微观上又要充分考量区域甚至某类学生的实际情况，逐渐淡化身份、职业与地位、待遇等之间的关系，避免出现高等教育的社会阶层固化现象的发生，杜绝不同阶层和地域学生的隔阂。

5. 研究生收费

从 2014 年秋季学期起，所有纳入国家招生计划的新入学研究生开始收费。现阶段全日制学术学位研究生收费标准，原则上每年硕士研究生不超过 8 000 元、博士研究生不超过 10 000 元，全日制专业学位研究生以及已按规定实行收费政策的研究生由地方自行制定相关收费标准。相应地也将施行研究生奖学金制度，发放额占收费比重大半以上，范围覆盖多数研究生。

研究生收费政策的出台从程序的合法性上讲没有任何问题，但在实际操作过程中，如何降低或杜绝社会环境因素对政策实施效果的影响，完善配套的政策和细则确保研究生享受公平的待遇，特别是品学兼优的贫困家庭学生的利益如何保全是其中最为关键的问题，同时还要做好传统研究生公费向自费加奖学金制度转型社会认同的培养。此外，各地经济发展水平和生活学习成本有所差异，一刀切的收费标准如何平衡生活学习成本的高低差异也是亟待破解的难题之一。

6. 划片入学

根据户口或居住所在区域，就近入学，相应地就滋生出了各种择校入学乱象和天价学区房等问题。

划片入学在全国很多省市和地区都被作为中小学的现实良策得以推动应用，但学校所划区域中不同阶层的人群拥有社会资源的巨大差异，必将影响子女所在学校获取各种资源的能力和条件，造成学校的教育教学质量千差万别，尤其是在现有公共治理环境下，政策本身总是留有一定的余地或迂回空间，同时又缺乏有效的持续监管措施和配套制度，造成处于社会优势地位和较高阶层的家庭子女能够通过择校或购买学区房来享受最优的受教育机会，且各地划片入学政策如同其他很多政策一般，过度强调程序的合法性和部门利益最大化，导致无法透明地接受公众的监督。

7.3.5 老龄化、严重少子化与养老政策

老龄化社会的标准至今也没有普遍共识的理论界定，一般认为在总人口中，60 岁以上的人口占 10%，或者 65 岁以上的人口占到 7% 即可视为老龄化社会。而我国 2010 年人口普查，60 岁及以上人口占 13.26%，比 2000 年人口普查上升 2.93 个百分点，其中 65 岁及以上人口占 8.87%，比 2000 年人口普查上升 1.91 个百分点。预计至 2020 年，老年人口 2.4 亿，占总人口 16% 以上；至 2050 年，老年人口超过 4 亿以上，占总人口 25% 以上。

老龄化映射的不仅是养老问题，抑或国家战略层面的养老产业发展问题，还有相对应的可用劳动力不足的问题，尤其是高技能专业技术人才一直是困扰制造业和实体经济发展的软肋。同时单独二胎放开等政策能否短时间解决劳动力短缺的问题尚无法给予定论，相应的养老政策改革拐点过多必然影响社会稳定和引起现职工作人员的忧虑，前瞻性的财税体制机制改革和相对稳定的政策才能确保持续性和积极性。

7.3.6 食品安全

食品关乎的是生命质量最根本的需求，近几年我国出现了数次因食品领域违法犯罪案件引发的全国性、行业性或地区域性的公共安全事件，特别是毒奶粉、食品添加剂、地沟油等问题。总体上讲，各级部门在问题出现后的应急处置都是很到位的，但日常监管、打击力度和长效机制仍不健全，且惩治和处罚力度严重不足，很难形成最大合力与威慑力，导致食品安全问题时有发生，成为公共生活领域的一大痼疾。

食品安全应上升到国家安全层面来审视，相关法律法规也须促使公众的广泛参与，经过全国立法机构通过执行，地方各级政府应坚决杜绝部门间各自为政和职能交叉的问题，高度关注城市低收入人群聚集区和落后地区的农村的三无或违规加工食品问题，强化对食品添加剂的违法违规使用，力争全流程、全方位、全时段地对食品安全问题保持高度警惕和高压态势。

1. 奶粉管理问题

2013 年 5 月 31 日，国务院常务会议要求，按照严格的药品管理办法监管婴幼儿奶粉质量。紧接着 6 月 20 日，国家食药监总局副局长滕佳材明确指出：今后，婴幼儿乳粉将参照药品标准进行管理，实行专柜专区销售，并试行药店专柜销售。这是日前国家食药监总局、工信部、卫计委等九部委联合打出的奶粉管理“组合拳”。生产乳粉企业不准委托加工，不准贴牌生产，不准分装生产。

在西方发达国家，2 岁以上儿童和成人日常饮用的多为鲜奶及其制品，相关奶粉也没有分出孕妇、老人、学生、脱脂、高脂、高钙、无糖等诸多产品系列，对于婴幼儿奶粉的管理是从生态环境、牧草安全、奶粉生产、运输流通、储藏售卖一直到售后追溯等全程跟踪的，特别是结合现代信息技术建立起来的完整的追溯体系发挥了巨大作用，对于食品安全特别是婴幼儿奶粉质量的管控异常严格，相较我国多采取相对低额的罚款或未产生恶劣影响和事故简单的民责甚至刑责追究，西方发达国家一般均给予致命的处罚和严厉的惩治。

2. 食品添加剂

食品添加剂是为改善食品色、香、味等品质以及为防腐和加工工艺的需要而加入食品中的化合物质或者天然物质。目前我国食品添加剂主要分为 23 个类别，拥有 2 000 多个品种，有调节酸度、甜度、香味等的各种调节增味剂，还有各种抗凝结、蓬松、防腐、增稠、抗氧、漂白、消泡的，更有着色、护色、防腐、强化营养的（王岁楼，2014）。同时，据不完全统计，这之外还存在各种被社会诟病、曝光的诸如牛肉膏、骨汤粉、苏丹红等数百甚至上千种违法添加剂的滥用。

食品添加剂的滥用、过量使用或违法添加剂的使用已经是食品加工和餐饮行业不争的事实。食品添加剂的说明过于含糊抑或专业，导致公众对于食品添加剂本身及其用量用法等认知严重不足，特别是过去很长一个时期对于食品添加剂效用过度夸大和大量使用，已经在很大程度上改变了公众消费习惯和口感味觉，食物本来的味道反而一再被忽略甚至扭曲为不正常的存在。公共权力部门不仅需要加强食品添加剂的使用监管，更应加大相关领域的研发工作力度，力图减少化工产品的使用，逐渐使植物或动物性的绿色添加剂替代原有添加剂，运用更多的创新科技到食品加工、保鲜、运输等环节。

3. 地沟油

国家食品药品监督管理局办公室《关于严防“地沟油”流入餐饮服务环节的紧急通知》（食药监办食〔2010〕25 号）文件强调：为严防“地沟油”流入餐饮服务环节，切实保护消费者饮食安全，请迅速组织对餐饮服务单位采购和使用食用油脂情况进行监督检查，严查餐饮服务单位进货查验记录及索证索票制度落实情况。紧随其后《餐饮服务食品安全监督管理办法》正式实施。同年 5 月 4 日国家发展和改革委员会、住房和城乡建设部、环境保护部、农业部发布《关于组织开展城市餐厨废弃物资源化利用和无害化处理试点工作的通知》（发改办环资〔2010〕1020 号）。7 月 13 日，国务院办公厅发布《关于加强地沟油整治和餐厨废弃物管理的意见》（国办发〔2010〕36 号）专项部署地沟油和餐厨废弃物整治与管理工作。

地沟油长期存在，屡遭打击，却总是死灰复燃，其从食品安全领域凸显为公共问题，暴露出公职部门公信力的严重低下，也体现了公共管理部门及从业人员的懒政行为，时至当下地沟油的负面新闻仍不时曝光，引发公众长期且广泛的不满，已经成为社会谈资。

7.3.7　殡葬

周口平坟事件使殡葬管理和制度成为全国范围广泛关注的焦点问题，其他地区土葬逝者后政府相关部门或人员开馆暴尸、烧棺等行为并未使火葬成为相当部分公众接受的葬仪方式，加上寿衣、骨灰盒、墓地等费用居高不下，已成为公众的一大负担。

我国现行殡葬管理政策的核心内容是改革土葬，实行火葬。至今殡葬管理仍然是国家部委条例，仍未通过最高立法机构审议，制定政策的理论依据不充分；火葬政策的实施远没有达到当初预期的效果，现有火葬后又允许建设公共墓地进行交易，与传统的集中土葬别无二致；强制火葬使群众的丧葬费用支出居高不下，特别是周口平坟此类事件和城市公墓建设中的诸多诟病，如赋予了高收入群体和特权阶层更多优势；火化遗体需要大量的汽柴油，强制火葬造成空气污染和能源浪费；强制火葬违背民族传统和群众意愿，缺乏树葬、水葬等更多环保的选择;强制火葬激化了干群矛盾,助长了管理部门腐败,尤其是收费标准不透明和市场监管不规范,为相关环节和领域从业单位和人员攫取暴利及腐败提供了温床。

7.3.8 土地流转

土地流转整合的主要内容包括:整合城镇建设用地,城镇建设向中心镇聚集,工业建设向园区聚集,农村土地必须确保18亿亩红线不动摇,加快土地流转和集中,大面积推广现代农业科技,扩大产业化、规模化、生态化农业专门合作社的组织运行等。

现行的土地整合过程中买受方与整合方的概念往往混淆,造成违背社会秩序和市场经济机制运行的事件层出不穷,暴力拆迁、以租代征、强征强卖等现象时有发生。一方面有些地方政府主要领导总想有所作为,只管当任且忽略上一届和下一届,大拆大建、产业规模和面子工程被看作GDP的原动力和个人晋升的筹码;另一方面民生工作的前提是确保满足经济投入需求,特别是土地财政和地方债务双重影响,在土地流转过程中将所涉民众群体或个人的利益视为阻碍发展的力量,立足于公众对立面推动投资主体的大项目、大园区和大城镇建设。

7.3.9 公共交通

2006年12月1日,建设部、国家发改委、财政部和劳动保障部联合发布《关于优先发展城市公共交通若干经济政策的意见》建城〔2006〕288号,地方各级政府也相应出台了优先发展公共交通的相关制度,

总体上讲,城市公共交通发展差强人意,拥堵、噪声、环境污染等诸多问题日趋严重。同时,摇号、拍卖车牌、拥堵费、限号限行、违规违法处罚等各种措施却饱受诟病。公共交通建设严重滞后和服务能力低下,加之大中型城市人口急剧膨胀,导致公共交通分担率不高或承载力严重不足,同时又无法破解交通的秩序性、高效率、便捷式等运转。

7.3.10 三公消费

三公消费,是指由财政供养或覆盖的机关事业单位、国有企业、社会组织、民间团体等的所有人员因公在国内外产生的一切经费,公务车辆购置、维护保养及配套运行,公务接待费等消费。由于三公消费是特殊历史背景下赋予的极具特权色彩的一种变相福利,已经成为严重影响执政公信力且危害社会公平正义的毒瘤,在十八届三中全会中已明确强调要改变全能型政府的管理结构,加快三公经费的改革进程。

目前国家已自上而下深入开展了一系列卓有成效的工作,从国家到地方对于三公消费及其滋生的腐败问题给予了前所未有的广泛关注和深入打击,针对因公国内外消费进行了严厉监控,力争透明公开地支出每一分财政经费;公车问题采取了以车补替换公车,并对已有公车采取了封存、拍卖、到期报废等措施;公务接待经费支出的诸多不良现象得到有效遏制,并得到了全社会的支持和欢迎。

但附着于相关部门和人员身上的隐性福利和特权如何剔除已是刻不容缓的问题和难题之一,中央的三令五申还要落脚于法律法规与行为规范,用事无巨细的制度来约束公务部门

和公职人员，把权力真正关进笼子里，把合法、合情、合理的薪酬待遇等摆在社会公共环境关观照下，公开透明地接受来自于公众的时刻监督和问责。

7.3.11 雾霾

自2011年以来，由美国驻华使馆发布北京空气质量，使 $PM_{2.5}$（细颗粒物）进入公众视野，雾霾一词受到社会公众的广泛关注，一度引起谈霾色变的恐慌，各级政府对于防范雾霾也给予了极大关注，采取了一系列措施，但在2013年还是出现了全国二十多个省、区、市集中爆发的情况，成都、昆明、海口等城市均受到雾霾不同程度的影响，雾霾影响范围愈来愈广，影响时间越来越长，社会公众虽被动地接受了这一现实，但亟须政府能够采取更为有力有效的措施，尽可能短期内扭转甚至消除雾霾的恶劣影响。

2014年1月4日，国家减灾办、民政部通报2013年自然灾情，首次将雾霾天气纳入（中国城市低碳经济网，2013）。地方政府片面追求GDP和高增长的同时，受到了雾霾、废水、废气、废渣等灾害性的影响甚至破坏，不仅对环境造成了难以逆转的重大影响，还对公众生命健康安全构成了极大威胁，导致雾霾的影响持续发酵并被持续关注。

雾霾的出现不仅仅是经济发展的代价问题，也是公共管理的问题，各级地方政府面对生态环境和经济发展时总是优选经济发展，这与传统的发展评价标准和政绩考核指标有着密切的联系，GDP被曲解为解决所有问题的万能良方，同时关于企业和个人的环境监管被地方、部门或个人私利所取代，几近形同虚设，雾霾也逐渐被适应化，长期的良好水平竟然被沾沾自喜地大肆宣传。

7.4 公共管理热点问题的实践建议与理论对策

2000年11月，罗伯特·B. 登哈特和珍妮特·V. 登哈特在美国期刊 *Public Administration Review* 上发表了名为《新公共服务：服务而不是掌舵》（*The new public service: Serving rather than steering*）的论文，以其为代表的新公共服务理论风靡一时，并试图对以企业家政府为精髓的新公共管理的理论缺陷进行弥补（巩建华，2009），自此，新公共服务作为一个新的术语在中国行政管理学术界也逐渐流行起来，近年来，我国学术界和各级政府围绕如何加快行政管理体制改革进行了深入、系统的理论与实践探索，形成了一系列理论与实践成果，政府公共服务与服务型政府建设成为实践与理论前沿理论问题。

7.4.1 政府公共服务与服务型政府建设

中国特色公共服务模式主要是："社会性公共服务支出为主"的公共服务支出模式、"覆盖广泛、水平适度、可持续发展、兼顾公平与效率"的公共服务消费模式、"科教优先"的公共服务增长模式、"多元化、社会化、多中心治理"的公共服务供给模式（李军鹏，2007）。当前的重点是要制定基本的公共服务标准，合理配置公共服务资源，逐步实现地区间基本公共服务均等化；提高公共服务的可及性和公平性，公共服务重点向农村、中西部、基层、社会弱势群体和公共服务薄弱领域倾斜。

政府只有通过提供充足优质的公共服务,才能证明自己存在的价值与合法性。从政府职能方面来讲,社会性公共服务是政府职能的主体部分;从政府管理方式来讲,政府是为市场、社会和公民提供公共服务的,应该将服务融入管理之中,要提高为民服务的效率与速度。服务型政府建设对投资环境改善具有明显的促进作用,我国南京市、重庆市、成都市等地整体推进了服务型政府建设,经济社会发展的速度明显加快。

7.4.2 政府全面履行公共管理

在完善的市场经济条件下,政府要均衡、有效地全面履行经济调节、市场监管、社会管理和公共服务职能。在政府的这四种职能中,都有薄弱环节,都需要重点加强。经济调节职能的重点是促进经济又好又快发展,通过政府职能转变促进经济增长方式的根本转变。市场监管职能的重点是打破各种形式的市场垄断与行政垄断,加强对企业的社会规制与经济规制,确保产品质量与安全。社会管理职能的重点是加大社会矛盾纠纷排查调处的力度,完善社会利益协调机制。公共服务职能的重点是加大政府对公共服务领域的投入,切实履行公共服务提供的主要责任(马梦砚,2008)。

7.4.3 管理体制改革目标与模式选择

在市场经济愈来愈深刻影响和引领社会发展的今天,公共管理体制更能够满足市场经济对政府推行现代社会治理的迫切需要,也使政府能够更加凸显其对公众的责任、服务于公众的理念,时刻秉承社会公义,正视自身的不足,积极通过第三部门和购买公共服务等弥补自身存在的天然缺陷。而“行政管理体制”在我国主要是计划经济条件下政府以全能者自居,通过贯彻计划和控制的理念及手段,过度强调政府的管理属性而忽视了现代政府的公共属性。

7.4.4 政府职能创新与机构配套改革

自改革开放以来,政府机构改革一直是政治生活中的重大命题,但政府机构改革的重心一直受部门利益、既得权利、淡漠法治、人情泛滥等影响,加之过度强调经济至上、GDP 为纲,政府与市场的边界已经比较清晰,但政府部门设置是否科学合理,政府职能划分是否有章可循,公共资源配置是否以公共价值为导向等一系列问题均未得到足够重视,导致政府机构臃肿、部门职能交叉、运行成本高企、难以快速响应且执行力偏低等问题已成顽疾,相当程度上阻滞了政府职能与市场经济的发展相适应。

深化政府机构改革,要遵循政府职能与机构配套改革的原则,注重政府职能在政府间与政府部门间的二次配置,将政府的经济调节、市场监管、社会管理和公共服务职能合理、科学地配置到政府部门。要按照职能统一与机构统一的原则,加快推进政府事务综合管理,加大机构整合力度,推行“宽职能、少机构”的大部门体制。重点研究卫生、社会保障、市场监管、电信监管等领域的专业管理体制,研究相应职能在政府部门间配置的科学方式(Ngok K,2013)。

7.4.5　政府间权责划分

基于行政管理的特性，我国各级地方政府一方面竭力追求与上级直至中央的职责完全一致，另一方面出于地方利益和部门权利的考量，特别是"以会议落实会议""以机构体现重视并落实上级精神""以各种场面来显示权威和力度""以事无巨细的深入经济社会各个环节来展现工作能力"等，使得从中央到地方，上下级之间职责和人员相同，区域、部门间部门设置和人员配备大多一刀切和一个样。

在综合改革中首先要解决的便是强力推动政府间、部门间的权责划分，逐步实现"小政府、大社会"的现代治理目标。中央和地方、地方各级政府间围绕发展改革、财税征收分配、投资生产、科教文化、市场监管、社保计委、生态文明等进行科学、适度、有序的划分权责和职能范围。中央政府应致力于路线、方针、政策的制定及其相关法规、制度、战略、规划标准的依法出台，立足全国建立宏观的跨省的治理体系，履行好公共财政提供均等化公共服务的相应责任。地方各级政府必须从国家层面的战略、规划、制度出发，严格遵循国家法律法规和制度政策的要求，依法管理、统筹、协调辖区建设与发展，做好就业促进、生态保护和市场监管，并按照上级要求做好相关工作，要在明确划分中央与地方各级政府职责权限的基础上，逐步实现中央与地方关系的法治化、制度化、秩序化。

7.4.6　政府科学管理及运行机制

促进社会秩序化运转，使各项法律、规定、政令得到有效落实，需要政府运行及其管理度的科学化。政府依据法律规定和制度设计，根据经济社会一时、一地甚至一事进行决策，在执行决策的过程中通过各种考核评价来实现监督和管理的职能（Howlett M，Migone A，2013）。首先，需要依法界定和科学合理的划分不同层级、类别的决策主体的权限边际条件，建立并不断完善科学决策的程序、流程、操作规程，构建严于律法的、与经济社会发展相适应的科学民主决策运行机制；其次就是强化执行力，确保各项决策得到不折不扣且科学合理的执行，并在执行过程中能够实时得到完整信息的反馈，使决策能够不断完善，使实际效果尽可能接近预期效果，建立决策、执行、监督、考核、奖惩等各种职能相对分离，形成人大、政协、纪检、行政、司法、舆论、公众等系统全面的监督体系，同时，基丁科学合理的考核原则和标准，建立与政府运行相一致的总和评价考核体系，逐步确立现代绩效评价、报告和公开机制。

7.4.7　依法行政与法治社会建设

当前，改革已步入深水区，全面建设小康社会已进入决定性阶段，诸多不稳定因素、矛盾对经济社会可持续发展构成了极大威胁，依法治国成为国家治理的必由之路和基本方略。最紧迫、最关键的便是如何确保政府能够依法行政，从立法、执行到最终的制度落实均应体现法治精神。同时也要看到法治社会建设的重要意义和核心作用，建立健全社会管理方面的法律，完善公共服务均等化相关的法规政策，不仅仅满足于有多少政策法规、应急预案、监管措施、考评体系等，更要强调事前预防为主、确立长效工作机制、增强法规政策落到实处、高度重视执行力的培育和强化。在立法和司法对政府依法行政进行有效制约的基础上,进一步完善相关的诉讼审查制度体系,进而完善社会、公众、舆论等对政府依法行政的无死角监督、反馈及评议等工作机制。

7.4.8 责任政府建设

建设有责任的政府一直以来是世界各国追求的目标,也是有效形式国家治理和维护国家利益的根本出路,人民代表大会是我国的政权组织形式,责任政府建设是代表全体人民的人民代表大会的本质要求。政府机关和主要领导必须对上级与同级的国家权力机关负有政治责任,行政机关及相关工作人员的不作为、失职、违法、违规、败坏道德、影响公共秩序等均将接受约谈、质询、罢免,若有违法情节还要接受司法惩治,同时还要接受全社会公众时时刻刻的监督和反映。同时行政机关实行首长负责制和归属地管理职责,行政主要领导对所属行政机关的工作负有全面责任,下一级向上一级负责的同时,还要接受下级的充分监督评议。尤其是当前依法治国的理念已深入人心,贯穿于每一个工作环节和职能配置中,行政机关的权力不仅被关在法律的笼子里,其职责履行情况的方方面面甚至每一个细节均将置于法律、舆论、公众等透明监督中,力图尽快将行政机关置于"阳光下",接受更多的监督、评议甚至公开提出意见建议,对所有的政府工作人员能够进行依法问责(陈庆云,2000)。

7.4.9 质量评价与竞争机制

为公众提供服务是政府从事国家治理的天职,推动社会有序运行是政府的职责所在,如何实现高质量、高效率、高响应、低成本的公共管理,成为政府依法行政、履行职责、体现公信力的初衷和动力。一方面政府要明确政府管理质量的评价原则、标准和指标,建立和完善政府组织、个人绩效目标体系,持续对组织和个人的绩效完成情况进行观测及评价,其中要特别强调不能以简单的GDP或有形物作为评价标准,要切实以政府的财力、能力和水平,衡量一个时期的执政实效,特别是提供公共服务的效率、质量及其对受到社会高度关注的诉求的响应水平;另一方面政府要在部门内部、部门间、区域间开展科学合理的竞争,尤其是要尊重第三部门和公共服务购买在社会治理过程中的重要作用,群体、个人间在公共管理过程中的不同角色、作用及个性特征等,应与绩效评价、薪酬待遇、职业规划、奖惩机制等挂钩,突出强调效率、成本、质量、革新的重大效用。

7.5 中国特色的公共管理理论与实践发展之路

按联合国政府职能分类体系,政府公共服务包括普通公共服务与公共安全、社会服务、经济服务、未按大类划分的支出等。这规定了公共服务的公共属性,只有具有公共权力的政府才能够供给,但是它成立的一个提前是,政府有能力而且愿意供给服务,政府是服务型的而不是统治型的。为此,中国特色的公共管理理论和实践必然遵循政府公共服务及其服务型政府建设的路径。

7.5.1　政府公共服务的科学有效提供

公共服务不仅局限于政府等公共部门所提供,也应鼓励和引入社会资本和多种资源,为公众提供均等化、全覆盖的公共服务和相关产品。关于公共服务的内涵和范畴界定目前还没有定论,但大体上包括教育、医疗、社保、文化、安全、环保、公共设施、基础配套、保障性住房等(姜异康等,2008)。

政府公共服务包含公共产品和价值产品两个部分,政府不仅依托稳定的财税收入,为全社会提供高质量、高效率、低成本的服务,还应拥有合适比重的自我生产能力,以确保政府有能力维护社会秩序,稳定经济发展,组织实施大型项目,积累持续发展实力。关于政府公共服务的提供,应注重公平地提供有效率的公共服务,提供模式上要对政府提供、非政府提供、多元化提供和联合提供等进行合理安排,同时应强化普遍服务政策与补偿机制的构建。

7.5.2　服务型政府建设的深化和完善

2004 年 2 月 21 日,温家宝同志在中央党校省部级干部研究班结业仪式讲话中正式提出"建设服务型政府",此后关于服务型政府的理论研究和实践探索快速兴起(王伟、张靖,2013)。从内容上看,应在服务型政府中强调中国特色,体现民族文化价值理念,关注生态环境和可持续发展;从学科上看,应融合运用法学、管理学、社会学、经济学、哲学、统计学等学科交叉理论,力争从多维度审视和解读服务型政府的构建和运行;从模式上看,应加快服务型政府的法制化进程,继续深入开展立法、司法、执法等系统综合的改革,以高效权威的司法制度维护宪法及法律法规的权威性和公信力,实现审判权、检察权的独立性和公正性,同时也应加强行政执法的探索创新,在源头上杜绝危害社会和伤害公众利益的行为及事件。

7.5.3　大力推动政府公共服务支持体系建设

政府公共服务支持体系是政府面向全社会提供普惠性、公平性、动态性、便捷性的公共服务,积极推动服务型政府建设的有机系统,是由决策性企业家参与的多元资本支持构建的政策咨询与公众参与的系统(Craft J,Howlett M,2013),是政府科学治理与价值体现的核心子系统,是未来很长一个时期亟待破解和高度关注的重大命题。

政府公共服务支持体系总是由国家政治经济体制所决定,与地域特色和产业优势相适应,不仅开拓了公共服务理论研究的新领域和新视角,而且找到了多元资本结构的切入点,是实现立足政治资本、经济资本、社会资本、环境资本、人力资本、文化资本、竞合资本等建构社会网络支持体系,构建科学有效的政府公共服务支持体系。这不仅符合中国特色社会主义市场经济体制的必然要求,更是基于国际化视野的理论创新和实践,通过海南一地的探索和阐释,对自媒体时代赋权型社会进入攻坚阶段的中国改革实践提供有益尝试和借鉴。

第8章　城市基层社会治理机制与模式

我国正处于社会经济发展的急剧转型期,社会管理方式面临着深刻而复杂的变化,社会管理中出现了许多亟待解决的新问题、新矛盾,旧的社会管理模式已不能应对社会发展的新形势,“创新”成为突破管理困境的一个现实选择。基层是国家、社会管理体系中的最低层次,从纵向的社会管理层级而言,县、城市的区、不设区的市的党组织、国家机构和社会团体、企(事)业单位以及村民委员会和居民委员会都属于基层的范畴(王乐夫,2002)。基层在我国的政治运行机制中占有特殊的地位,它直接面对群众,直接面对社会管理中的矛盾与问题,是国家政策与人民群众相联系的、最直接的纽带。基层也是创新管理模式的前沿阵地,基层社会管理创新为国家的社会管理体制改革提供现实支撑,基层社会管理状况如何将直接决定着整个社会管理的成效。然而,当前我国的基层社会管理却存在着相关制度政策僵化,社会参与渠道不畅通,基层社会力量不足等问题,这极大阻碍了我国社会建设水平的提高。在此背景下,研究我国基层社会管理创新的路径选择与完善对策,不仅具有重要的理论意义,而且具有重要的实践价值。

8.1　基层社会管理创新的必要性

8.1.1　基层社会管理创新是维护基层社会和谐稳定的根本途径

改革开放前,我国是“国家—单位—个人”的一元主体社会管理格局,党政不分、政企不分、政社不分是其典型特征。当前,我国正处于思想观念、社会结构、利益格局和管理体制深刻变革的转型期,传统的单位制已经瓦解,社会流动性增强并导致基层社会管理主体的多元化和复杂化,基层社会由于居民生活方式、区域文化等的差异而引致的矛盾、冲突不断显现,“基层社会始终处于各种社会矛盾和冲突的风口浪尖”。社会和谐、稳定的根基面临巨大挑战,在此新形势下,原有的社会管理模式、体制和方式、方法已经落伍,这就要求我们深入研究基层社会的特点,认清基层社会建设的客观规律,理清基层社会管理中存在的问题,更新基层社会管理的理念、方式方法,从而保持社会的和谐稳定。

8.1.2　基层社会管理创新是推动政府职能转变的重要抓手

多年来,我国的政府机构改革陷入了“精简—膨胀—再精简—再膨胀”的恶性循环,究其原因,共识很高的一点就是,政府职能转变不到位,政府做了很多不能做、不便做和做不好的事情,认识到这一点对于进一步推进政府机构改革具有重要的意义。然而,机构是职能的物质载体,政府职能卸载后,应该由谁来承担呢?以社区组织为代表的基层社会组织是理想的政府职能的承接主体,基层社会组织可以更直接地倾听民众呼声,更迅速地回应民众诉求，把处理某一件事变成处理某一类事，把为某一个人服务变成为某一群体服务，从而提高社会管理的效率和公众满意度。因此，基层社会管理创新是推动政府职能转变进而精简政府机构的强大推动力量。

8.1.3　基层社会管理创新是满足基层民众多元化需求的有力措施

近些年，随着我国经济社会发展水平的不断提高和城镇化进程的不断加快，民众的诉求在不断增多，层次在不断提高。原来以吃饱穿暖为主旨的生存性需求逐步发展为追求教育、就业等为主的发展性需求；原来物质层次的满足逐步发展为追求以个人价值实现为核心的精神层面的满足。这样，既有的政府单一主体的公共服务供给机制已严重滞后于多元化、复杂化的民众需求体系，这就迫切需要改革和创新既有的基层社会管理体制机制。比如，应打破政府垄断公共服务供给的格局，各种社区组织、专业性志愿组织可以充分发挥自身紧密联系基层民众，更加熟悉社情民意的优点，充分发挥自身的信息优势、专业优势为基层民众提供更专业、更直接、更具有个性化的公共服务。

8.1.4　激发社会活力需要创新基层社会管理

社会和谐并非就是没有矛盾和冲突，和谐社会的本质是充分调动一切积极向上的力量参与社会建设，让整个社会充满朝气和活力；而要调动一切积极因素，就必须要营造一个充满正能量的、健康的社会氛围以让所有的劳动、技术、资本等生产要素充分竞争，自由组合，从而最大限度地实现、提高社会福利。健康社会氛围的最主要构成要素就是科学、合理、可行的基层社会管理体制、模式，而我国传统的基层社会管理最明显的弊端就是，政府唱“独角戏”，缺乏与民间社会交流、沟通，不利于各种社会力量发挥自身特长，释放自身活力。基层社会管理创新致力于构建公民与社会组织广泛参与的社会治理结构，能够调动与激发民众、企业及各类社会组织的内在热情，使得整个社会在民众追求自身价值实现的过程中，迸发活力，稳步前进。

8.2　基层社会治理模式与机制研究

党的十八届三中全会报告指出，面对新形势新任务，要实现中国梦，必须在新的历史起点上全面深化改革，让经济发展的成果更多更公平惠及全体人民。基层社会管理直接面向人民大众，其水平的高低直接关系到人民能否有效维护自身合法利益，能否充分享受社会经济发展果实，直接关系到社会能否正常有序运转，意义重大。当前“政府—市场”二元社会管理体系已经不能适应多元社会需求带来的挑战。变化的基层社会管理环境需要一种新的治理机制以提升基层社会管理水平，维护人民的根本利益，促进社会和谐稳定、科学发展新局面的形成。

治理理论已上升为我国治国理政的基本理论。党的十八届三中全会报告指出，“全面深化改革的总目标是完善和发展中国特色社会主义制度，推进国家治理体系和治理能力的现代化”，“创新社会治理，必须着眼于维护最广大人民根本利益，最大限度增加和谐因素，增强社会发展活力，提高社会治理水平，全面推进平安中国建设，维护国家安全，确保人民安居乐业、社会安定有序”。治理理论在社会管理创新中具有重要理论与实践价值。

治理理论兴起于20世纪90年代。1989年世界银行在其报告中赋予了治理新的内涵。1995年，罗泽瑙在其代表作《没有政府的治理：世界政治中的秩序和变革》中明确区别了治理与统治的含义，治理理论由此形成。该理论的核心内容强调：一是主体的多元化，多元主体代替单一主体参与公共事务管理；二是多方协商而非强制解决公共事务的基本方式；三是参与主体之间的公平性，在解决公共事务的过程中，各参与主体是公平的，并注重对弱势主体的保护；四是参与各方应协作与协同运作，共同解决所面临的公共事务（王乐夫，蔡立辉，2008）。按照涉及对象和作用范围，治理的实践类型包括全球治理、民族国家的治理和社区治理（陈振明，2005）。治理理论及社区治理实践将会对基层社会管理提供有益指导。

8.2.1 基层社会治理体系存在的问题

当前我国基层社会治理体系发育尚不完善，有以下三个方面的原因。

（1）我国的社会组织发展相对滞后，在社会治理体系中扮演重要角色的能力还有待考验（石国亮，2011）。

（2）普通民众参与社会管理的传统没有形成。

（3）各参与主体管理思想相对保守，在很大程度上也影响了基层社会治理体系的进一步发展。

当社会管理体系不能因应社会发展变化时，问题就会产生。总结我国学界对基层社会治理体系问题的研究，结合各地实践，当前我国基层社会治理体系建设存在的问题主要体现在以下几个方面。

1. 主体间关系不清，干预问题严重

这主要表现为基层政府与社会组织关系不清，政府干预严重。在实践中并不是没有实现社会组织或者公民直接参与基层社会管理的可能，诸如居委会、村委会这样的组织从性质上来说是民间组织，应当完全独立参与社会管理。但由于其产生的历史背景，加之发展过程中的种种困境使得这些组织不得不依赖于基层政府，实质上成为了基层政府的下级组织（王名、孙伟林，2010）。这不利于基层民众维护自身权益，阻塞了基层民众向政府部门反映社会诉求的渠道。

2. 相关法制不健全，各方权益难于保证

社会组织由于在特征、目标和作用方面与基层政府有着诸多的相似性和重叠区域，需要法律明确其与基层政府的关系和权力范围。此外，公民也是基层社会治理体系中的重要组成部分，由于其不具有组织性，在社会资源的掌握方面是基层政府、经济组织、社会组织和公民个体四方中最少的，因而也处于治理体系的最弱势位置。目前的法律体系并不能系统地解决这些问题，导致风险的产生（龚维斌，2010）。

3. 主体发展资源缺乏，管理方式存在问题

这一问题主要体现在社会组织中。社会组织资源缺乏表现在两个方面。

（1）资金缺乏。社会组织由于自身缺乏经济创造能力，政府成为当前社会组织发展所需资金的主要甚至是唯一来源，但资金并不充足（鲁可荣，2013）。

（2）智力缺乏。在社会组织建设中，人才也是重要因素之一，而我国对社会组织进行专业培训的师资等智力资源相对缺乏（王名、李长文，2012）。

此外，地方各级政府在管理社会组织方面也存在监管不力、“双头”管理等问题，阻碍了社会组织的健康发展（孙伟林，2009）。

4. 主体自身发育不完善，参与能力低下

这一问题同样体现在社会组织中。社会组织发育不完善体现在以下几个方面。

（1）自我评估缺失。社会组织由于多元性、民间性和运行的非营利性等特征，在对其进行考评方面难于量化且并没有统一的标准。评估的缺失往往容易使得组织发展动机减弱，甚至歪曲发展，最终使组织失去社会认同，丧失社会公信力（王劲颖，2008）。

（2）筹资能力匮乏。政府是我国社会组织获取发展资金的主要渠道，会费收入、经营性收入以及其他收入总计不超过社会组织资金总量的一半；由于资金不足，社会组织的社会活动参与能力普遍偏弱，甚至长时间处于休眠状态（朱冠錤，2008）。

（3）人才基础薄弱。人才因素也制约着我国社会组织的发展（王名、贾西津，2002）。由于发展环境和自身管理存在的诸多风险，社会组织对于人才的吸引力相对有限。

5. 主体社会责任感不强，参与热情不高

本书所指的社会组织是非政府非营利性的第三部门组织，除此之外，社会上还存在规模庞大的经济组织，诸如企业等，它们也是基层社会治理的重要主体。以利润作为发展的唯一目标决定了企业在基层治理中主要发挥物质基础功能，但当前其参与度并不高。企业很少会将自己与社会管理联系在一起，大多数企业也并没有主动寻求或者发现获取社会无形资本的路径（孙德厚，2012）。

6. 主体参与渠道不完善，参与能力不足

这一问题在公民参与方面表现突出。随着社会不断进步，人民群众的民主精神空前高涨，参与社会管理的积极性不断增强，但缺乏参与渠道成为了公民参与基层社会管理面临的一个突出问题（宋林飞，2012）。人民群众在社会管理中发挥着不可替代的重要作用，必须要“依靠人民群众治天下”。另一个突出问题是民众参与能力不足。公民在参与社会管理过程中，由于缺乏专业性以及对参与程序缺乏了解，可能会出现不规范行为，不利于社会管理工作的展开。

8.2.2　基层社会治理创新典型成功实践模式

当前我国正在积极开展社会管理创新工作，努力摆脱过去一些陈旧的管理做法和思路，解决面临的社会管理问题。基层社会管理由于面临的问题多而突出，因而创新也具有了更为重要的意义和更大的空间。以下为近年来我国各地区基层社会治理创新成功实践中的几种典型模式（魏礼群，2011）。

1. 北京朝阳区“全模式”

北京市朝阳区在健全新型社区管理与服务体制过程中，注重建立现代社区治理结构和治理方式。在该模式中，基层政府、社会组织、居民构成了社会治理的主体。其主要做法包括如下方面。

(1)推动社会管理和服务结构的合理化,包括明确管理主体的责任和义务;通过建立基层管理组织保障体系,充分利用民间团体力量进行社会管理;明确政府各部门之间的权责范围,开展政府部门内部竞争,加强公务人员专业培训等。

(2)进一步推动政府内部治理结构的合理化。主要特征是注重通过政府内部权力有针对性地分散从而形成制约机制,实现监督、管理和执法三者之间的有机平衡。

该模式以建立基层社会治理结构为主要目标,一方面,通过优化主体结构,整合社会力量,参与共同治理;另一方面,对基层政府部门内部重新明确权责,平衡权力,提升基层政府各部门的行政效率。

2. 天津"泰达模式"

天津经济技术开发区是当前天津经济社会发展的主要带动者之一,其在进行社区治理过程中,面对出现的种种问题,逐渐摸索出一套行之有效的"泰达模式",取得了显著成效。其主体包括居民、社会组织(如居委会等)、基层政府部门等。主要做法包括如下方面。

(1)全面启动网格化数字社区管理,通过社区义工实现居民需求和相关政府部门的直接联系,并有效监督政府部门的回应。

(2)建立沟通交流、社区服务、文化重塑三个平台,为民众解决生活问题,处理矛盾纠纷,培育社区特色文化。

(3)成立"泰达社会服务中心",并强化社区居委会成员的多样性,作为社区治理的双引擎,提升社区管理与服务的专业化。

(4)为社工制定量化考核指标,发挥激励机制作用。

(5)理清社区事务,明确部门职责,通过制定手册,将具体事务与职能部门明确对接,提高行政效率。

该模式充分调动居民积极性,对于社区生活中出现的问题进行及时有效反应,共同解决问题;通过治理实践和宣传教育两条途径,在民众中培育树立治理理念,培育治理精神。

3. 天津滨海新区模式

作为国家综合配套改革实验区,滨海新区把基层社会管理创新作为推动经济社会发展的重要抓手,将其核心内容纳入"十二五"规划,并编制了《滨海新区社会管理创新五年规划》及相应配套方案。总体来说,滨海新区基层社会管理创新实践具有以下特点。

1)创新基层社会管理服务机制

建立了基层社会风险评估机制,提前将潜在的风险因素予以识别并设法规避克服;建立了区委、区政府统一领导,区委政法委组织推动,公、检、法、司、信访互动,新区、功能区、街(镇)、居(村)四级网络平台覆盖,人民调解、行政调解、司法调解联动的"五位一体、四级平台、三调联动"的基层综治信访服务中心,实现了调解组织全覆盖;建立了"政府监管、工会主导、企业配合、社会广泛参与"的多方联动工作机制来推动构建和谐劳动关系;建立了重点地区排查整治长效机制。

2)推进流动人口等特殊群体的服务管理创新

建立了功能区、街镇、社区(村)三级管理服务体系,为流动人口提供一站式服务;针对流动人口的不同特点实施分类管理,分层保障,实现了"以业管人、以房管人、以证管人"(范思立,2011);同时,分层次建立了扶贫帮困的救济机制、维权的法律援助机制、帮助杰出外来人才的激励机制。

3)创新社区治理的组织体系

开创性地建立了"居站分离"的社区管理新模式,构建了"一党委、一居、一会、两站"的社区服务组织框架,即在社区党组织、社区居委会以外,设立社区工作站、社会工作者社区工作站、社区福利会,居委会将诸如"劳动保障、计生服务"等事务性工作通过"政府购买服务""契约合作"的方式进行剥离交由社区工作站、专业化社工队伍负责,提高了自身的行政效能。

4.石家庄模式

石家庄市十分重视基层社会管理创新,成立了由市级领导挂帅、相关市直机关牵头,多部门联合办公的领导组织机构,该机构有专门的财政资金支持,制定有科学、可行的工作方案。为确保社会管理创新的顺利推进,石家庄把基层社会管理创新工作纳入党政一把手工程,纳入党政干部政绩考核体系和"十二五"规划。石家庄基层社会管理创新模式的特点主要有四点。

1)构建社会管理基础服务体系

主要从社区管理、社会稳定体系构建、社会工作人才队伍建设、人口基础数据库构建等方面着手构建社会管理基础服务体系。在社区管理上,主要建立街道(乡镇)、社区、楼院三层次网络管理体系;在社会稳定体系建设上,主要建立多层次巡控体系,社会风险评估机制、社会纠纷调解体系、应急事件处置体系;在社会工作人才队伍建设上主要通过建立社会工作者机构、拓宽社会工作领域、开发社工服务岗位等方式予以实施。

2)推进特殊人群帮教管理创新

重点群体主要包括流动人口、刑满释放人员、吸毒人员、精神病人等,具体服务措施包括:完善刑释解教人员等重点群体的就业培训体系;完善服刑在教人员未成年子女保护教育机制;健全刑满释放人员、社区矫正人员等群体的权益保护机制。

3)推进虚拟社会建设管理创新

建立党政领导,综治机构牵头,公安、文化等职能部门相互协作的虚拟社会管理服务格局。着眼于人、地、物、事,建立多面向的网络管理服务体系。通过建立"网络警务室""网络巡警""舆情引导、分析机制""网络违法犯罪惩处机制"等营造良好的虚拟社会环境。

4)推动社会组织管理创新,构建"两新"组织服务体系

(1)以党建促"两新"组织发展,通过创新领导机制和工作机制,形成保障"两新"组织党建工作的合力;通过单建式、联建式、挂靠式、行业式、选派式等不同方式设立党组织,为"两新"组织发展提供组织保障(张领珍、贾丽云、王东波,2006)。

(2)以"综治帮建"促"两新"组织发展,员工人数在50以上的设置综治机构,50人以下的设综治员;将规模较大的"两新"组织纳入属地综合治理格局。

5.深圳模式

作为改革开放的排头兵,深圳在基层社会管理创新中先试先行,率先突破,建立了社会

管理创新的新模式，深圳"十二五"规划把社会建设放在了同经济建设同等重要的地位。总结而言，深圳的基层社会管理创新实践有以下几个特点。

1）创新民生社会管理发展新体系

深圳在基层社会管理创新中，以惠民生、合民意为基准，实施了诸如"建立完善残疾人服务系统""完善老年人服务系统""建立完善的居民教育培训网络""建立健康教育工作体系"等民心工程，让老百姓从社会建设中获得实惠。

2）创新维护社会和谐稳定的管理服务体系

创新流动人口管理体系，建立市、区、街道、社区四级流动人口和出租屋管理体系；引进整体性治理理念，构建"多部门协作，多种资源共享"的整体性维稳模式；通过建立"扁平化"的社会治安组织领导体系、"网格化"的巡逻防控网络及全覆盖的视频监控网构建"大查控"的社会治安维护体系（黄顺，2010）。

3）构建网络化社会管理服务模式

。积极培育社会治理主体，并引导他们积极参与社会治理；创新治理手段，建立社会管理信息系统平台；创新机制，建立包括信任机制、协调机制、整合机制、互动机制在内的四维合作机制；创新组织机构，构建"1 +1 +3"的组织管理结构体系，即 1 个主管部门——市委，1 个监管部门——市社会工作委员会，3 个运作部门——技术支持部、社会团体部、纪律监察部（毛军吉，2012）。

4）创新社会管理服务主体，构建了"政府推动、民间运作"的社会工作新模式

管理主体创新是基层社会管理创新的关键，政府通过组织领导体系构建、社会工作体系完善、社工服务需求开发、社工服务评估等发挥引导、激励作用，通过对民办社工机构降低登记门槛、实施教育培训、引进专业人才等措施确立民间组织的服务供给主体地位（魏礼群，2011）。

6. 成都模式

成都把基层社会管理创新和统筹城乡发展紧密结合，在统筹城乡发展中实现社会管理创新，通过创新社会管理创新推动城乡协调发展。成都基层社会管理创新模式具有以下几方面的特点。

（1）创新以"还权赋能""村民自治"，村民、政府、自治组织互动协作为主要特征的村级治理新机制。该机制的总体思路可归结为"三分离、二完善、一改进"，即决策与执行分离，社会职能和经济职能分离，政府职能和自治职能分离；完善农村服务体系、完善集体经济组织运行体系；改进农村党组织领导方式（杨和焰，2004）。这种新机制有效实现了村民自治，发展了基层民主，维护了村民利益，为基层民主发展搭建了可持久运行的制度框架。

（2）构建了以民主促民生，以民生带民主的基层社会管理模式。该模式实现了公共服务供给主体的"一主多元"化，建立了公共服务经费持续增长机制，实现了公共服务供给的民主化管理。

（3）构建了"预防为主，调解优先"的社会矛盾大调解机制。该机制建立了"市、县、乡（镇）、村"四级调解组织体系，整合了公安局、法院、检察院等多部门资源，集聚了律师事务所、公证机构等多部门的人力，有效预防、化解了社会矛盾，为经济社会发展创造了良好的社

会氛围。

(4)推动基层社会管理技术创新。如利用信息技术初步构建了城乡一体、自由迁徙的户籍管理服务制度,实现了对人口管理的数字化、网络化。

7. 南京"建邺模式"

南京市建邺区在社区管理过程中,逐渐摸索出"建邺模式"。该模式中管理主体包括基层政府、社会组织和居民。主要做法包括如下方面。

(1)保证管理过程中以人力、物力、财力为主要内容的资源下沉。主要表现为选拔优秀的干部到基层社区部门任职;政府相关部门加大对基层社会管理的物资投入,改善社区管理主体的办公条件;区财政直接负责社区经费直拨,设立社区资金管理专户,保证社区经费的使用。

(2)重构社区组织架构,以社区党组织为领导,强化社区居委会、社区管理服务站,形成"一核双强"的管理格局。在这一格局下,居委会的本质功能得到明显强化,同时社区管理与服务的质量也得到了明显提升。

(3)推动系统改革,减少管理层级,明确政社关系,实施信息化管理。总体来说,这一模式体现出了现阶段全社会分工配合的基层社会治理基本要求。

8. 浙江武义县"后陈村模式"

浙江省武义县在村务管理中以其下辖的后陈村为试点,建立"村务监督委员会",实现普通村民对政府社会管理职责的监督。通过走访调研,武义县政府相关部门和后陈村街道政府联合拟定了《后陈村村务管理制度》和《后陈村村务监督制度》,并随之建立"村务监督委员会",在该委员会中,所有成员均由村民大会直接选出,且不能由村两委成员及其亲属担任,全程公正透明。该村务监督委员会的成立,真正使得本村管理呈现出"领导、执行、监督"三驾马车齐头并进的局面,普通村民对基层社会管理的知情权、决策权、参与权和监督权真正落到了实处,作为弱势群体的普通村民的权益得到了切实有效的维护和保障。

8.2.3　基层社会治理机制构建

基层社会管理,主要是指针对行政等级较低的地域范围和载体,如乡镇街道和城乡社区等所进行的社会管理(龚维斌,2012)。社会治理在社会管理的基础上更为强调多元协作,平等参与。因而基层社会治理机制,即指对行政等级较低的地域范围和载体进行社会治理的各主体在治理过程中相互联系,共同作用以及彼此协调的方式。基层社会治理机制的建立对于我国社会发展意义重大,尤其是在当前我国基层社会管理问题较多、结构复杂的情况下,基层社会治理机制的构建,不仅因应了当前社会管理发展的先进趋势,还可以有效解决当前出现的诸多问题,有利于社会持续发展。在总结当前我国基层社会治理体系存在问题,并结合具体案例提炼实践模式的基础上,根据我国自身国情,提出基层社会治理机制模型,如图8.1所示。

当前基于治理理论的社会管理体系的研究中,人们往往关注于社会组织和公民在体系中的角色和作用,但无论是政府还是社会组织,其本身均没有生产能力,没有经济创造能力;公民具有生产能力,但这种能力必须与经济组织相结合,否则将微乎其微。因此,社会管理

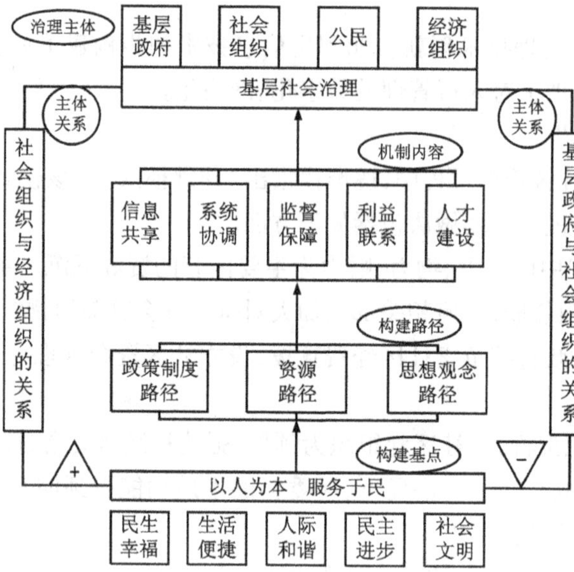

图 8.1　基层社会治理机制模型

体系中没有真正的物质基础,或者说这种物质基础来自于体系外源,显然这并不利于体系的稳定。在该机制模型中,经济组织被引入治理主体,构成基层政府、社会组织、经济组织和公民“四位一体”的治理体系,经济组织更多地运用经济方式参与到基层社会治理中,将机制运行的外源物质基础转变为内生物质动力,增加了运行的稳定性。

1. 机制的构建基点

基层社会治理直接面向基层民众,关系到他们的切身利益,因此该机制的构建基点应当是以人为本,服务于民。以民生幸福、生活便捷、人际和谐、民主进步、社会文明作为对此基点的诠释,充分利用治理体系的能动性,发挥基层社会管理的功能,实现其应有价值。

2. 机制中主体关系

基层社会管理机制建设应当注意两个关系:一是基层政府与社会组织的关系,二是企业与社会组织的关系。这两个关系在当前所呈现出的状态不同,因此处理的方法和方向也不同。对于第一个关系应进行理性梳理。当前二者关系混沌复杂,既损害了社会组织发展的独立性,也没有对其继续存在产生足够的支撑。理性梳理,就是基层政府扶持社会组织发展,但同时两者之间的关系应当明确,保障社会组织的独立发展。对于第二个关系应当坚决加强。企业先天具有创造经济利益的能力,而这正是社会组织所缺失的特性,将二者通过利益纽带联系起来,将使社会组织的发展具备坚实的物质基础,有助于促进良好的基层社会治理机制的建立与运行。

3. 机制的构建路径

在明确了基层社会治理机制构建的基点之后,需要有明确的方向和路径引导机制的构建,该模型中的机制构建路径分别是政策制度路径、资源路径和思想观念路径。政策制度路径主要是用法律、政策和各种性质的制度规范等形式处理机制中存在的各种关系,维护各方的合法权益,指导机制中各方自身健康发展;资源路径主要是从资金、人才、信息等资源方面实现各方的共享与流通，以此加强体系内各方的联系和协调配合，强化机制的整体性；思想观念路径主要是从思想层面加强社会对于基层社会治理的认同感和支持度，为社会治理机制的良性运转创造有利的社会环境。

4. 机制的主要内容

在我国基层社会机制构建过程中，应有以下五方面的内容。

1）信息共享

基层社会管理需求多元，针对性强，工作量巨大，因此对跨主体合作有很高的要求，需要有完善的信息共享机制对此加以支撑，以保证多主体高效合作。

2）系统协调

在基层社会管理体系中，由于各主体在任务分工、执行目标等方面容易出现重叠与交叉，需要体系各方能够及时协调，确保体系正常运作。

3）监督保障

在基层社会管理体系中，一方面由于参与各方在资源掌握方面存在着巨大差异，因此在运作过程中需要对各方行为予以监督，及时发展和坚决惩治侵权行为；另一方面，对各方内部影响自身运作的各种行为也要进行监督，在不损害各方行为独立性的前提下，对错误做法予以纠正，以维持体系稳定。

4）利益联系

通过资金、信息等资源和奖惩措施等将体系内各方普遍联系起来，形成稳定的合作统一体。

5）人才建设

人才是基层社会管理能够长久保持高质量的最根本保证，在人才建设方面，各方应以管理体系作为整体来进行人才建设，壮大我国基层社会管理人才队伍。

8.2.4　建立基层社会管理机制的对策与建议

作为我国基层社会治理体系的重要组成部分，政府应当对体系存在的问题予以充分重视，引导全民共同参与建立基层社会治理机制。与此同时，社会组织、经济组织和公民同样应该付出应有的行动。各参与主体应从以下几个方面加强工作。

1. 加快基层社会治理法制建设，明确基层政府与社会组织关系

由于当前对社会组织与基层政府关系的处理还不成熟，加强立法，有效明确基层社会管理体系内各方应有的权益势在必行。在法制建设过程中，应当注重以下两个方面的内容。

（1）明确基层政府与社会组织的关系。各方在基层社会管理活动中的独立性不应当受到损害。

（2）重视政府培育社会组织的具体方式。政府鼓励社会通过多种形式建立和培育社会组织，参与基层社会管理和服务，但禁止在此过程中损害社会组织独立性的行为。

2. 帮助社会组织提升运行能力，扶持社会组织科学发展

（1）建立内外部绩效评价指标体系和监督机制。当前社会组织运行能力的评价指标普遍缺失，可以量化的指标体系并没有真正建立。政府可以设计包含公民参与评价的社会组织运行综合能力评价指标体系,对社会组织进行评价,增强扶持的针对性。同时,社会组织应加强内部评价和监督,以利于其更加全面完整的认知自身,利于其内部工作氛围的积极变化,提升内部工作效率。

(2)规范自身管理。成熟的社会组织应当有较为健全的自我管理制度,以实现对自身的有效控制。

(3)强化人才意识。积极推动人才的培育、引进和管理工作,注重科学的人力资源管理方法,通过人员交流、"软性引进"等方式,拓宽自身发展的国际视野,实现自身价值。

3. 建立企业社会公益性考核指标,加强基层社会管理参与度

企业应当自觉增强自身社会责任感,一方面,积极参与基层民众的日常生活服务工作,以企业基金的形式参与到基层日常管理工作中;另一方面,主动加强与社会组织的合作,为其提供一定的资金支持,配合其开展各种基层社会管理活动。社会组织与经济组织缺乏联系的一个重要原因是二者之间缺乏利益联系。政府应当充分利用社会组织的社会影响力和经济组织的经济创造力,为二者之间建立一条利益联系纽带。在各级政府层面设立"公民企业"荣誉奖,对所在辖区企业设定公益性评价指标,对直接参与和与社会组织合作参与基层社会管理活动的合格守法企业予以鼓励和奖励。

4. 加大财政资金支持社会组织的力度,推进社会组织发展

政府在未来一段时期内依旧需要向社会组织提供其发展所需资金。一方面,加大财政资金对社会组织发展的总量投入,逐步缓解当前社会组织资金匮乏的突出问题;另一方面,提高支持社会组织发展用财政资金的使用效率,各地政府对本地社会组织的发展情况进行分析,对于急需资金的方面予以充分保障,对于可以延缓的方面予以有效资金保障。

5. 加强社会组织人才培养和储备,夯实社会组织发展人才基础

人才已经成为了当前社会各个领域发展的核心要素,是一个组织能够实现长远发展的唯一可靠保障。我国社会组织发展仍处于初级阶段,对人才的吸引力有限,需要政府采取措施加强对社会组织人才的培养和储备。

(1)与高校合作,一方面利用高校资源培养社会组织内部人员,另一方面通过制定优惠政策选拔高校优秀应届毕业生参与到社会组织工作中来,既在一定程度上丰富了大学生就业选择,又为社会组织提供了优秀人才。

(2)实现跨行业跨区域的人才"柔性引进",即运用智力引进的方式利用国内外各行业人才为我国社会组织发展服务,强化社会组织的人才队伍实力。

6. 加快治理体系信息化建设,吸纳社会组织共享信息资源

信息时代,信息技术对社会组织发展至关重要。为了加强各参与主体间的联系,政府可以在政务网络平台建设的同时帮助辖区内的社会组织建立社会组织信息共享平台,让社会组织更加高效快捷地掌握基层民众日常生活需求,并使得民众可以更为便捷地关注基层事务,实现信息化基层社会治理。

7. 加强治理理念的宣传力度,改变公民对参与基层社会管理的认知

针对当前我国公民治理理念缺失的现状,政府有义务加强宣传。通过开展社区学习、学校教育等形式,一方面,引导民众正确认识基层社会管理的重要性,理解多元治理的基本内涵;另一方面,培养公民的社会正义感和责任感,关心社会,为实现基层治理构筑稳定的群众基础。

8. 自觉强化社会治理责任意识,畅通公民参与基层社会管理的渠道

首先,基层政府公务人员应当自觉强化责任意识。由于在社会资源的掌握方面具有先天优势,政府公务员应当在开展基层社会管理工作过程中注意寻求和积累可以实现公民合理参与的路径与方式,为政府建立公民参与基层社会管理机制提供经验材料和实践支持。其次,基层政府管理人员应当对社会管理工作过程中出现的问题进行分析,尝试运用治理的思维探索问题化解的途径,积极开展公民实践活动,为基层社会治理机制的建立与运行夯实基础。

8.3　基于东方文化的中国基层关系型治理模式与机制构建

8.3.1　东方文化下基层社会关系型治理的特点与作用

有效的社会管理离不开社会文化的引领与指导,在社会管理创新过程中,文化的影响与作用更不应被忽视(高中建、何晓丽,2012)。东方文化由于人们对“东方”的界定不同而产生差异。我国有学者在比较各种对“东方”的界定和认知基础上,认为东方文化包括三个文化圈,即中国文化圈、印度文化圈和阿拉伯伊斯兰文化圈。在时间上,蔡德贵(1998)认为东方文化经历了原始文化、古代和中世纪文化以及近现代文化三个阶段。本书所指的东方文化侧重于中国文化圈,在这一文化圈中儒学和中国传统文化居于主导地位。在时间上,本书所指东方文化内涵侧重于古代和中世纪文化。

作为“舶来品”,关系型治理产生于西方经济领域,要成功应用于中国基层社会治理,应当首先对存在于东方文化之下的关系型治理特点进行梳理与认知,为未来关系型治理在社会管理中发挥作用打下基础。

林娜(1986)从企业管理对比的角度分析了东西方文化的差异,主要表现在以下几个方面的差异。

(1)个体与群体观点差异。在东方文化中比较注重群体意识,而西方文化则较为强调个性解放。

(2)人际关系的观点差异。东方文化对于人际关系的管理更加注重灵活婉转的方式,注重人情、面子等的运用,西方则在人际关系的管理上偏向于制度规范。

(3)对物质利益的观点差异。东方文化中有“重义轻利”的思想,和西方文化则更为注重利益和实用性。

(4)“时间哲学”的差异。以中国文化为代表的东方文化有着悠久的历史,其时间哲学是“基于过去”,而在美国等西方国家,其历史并没有那么久远,激烈的社会竞争更是让他们的“时间哲学”呈现出“将来式”的特点(林娜,1986)。

伍华佳、苏涛(2009)从企业管理的角度对东方管理文化进行梳理,提炼出蕴含在管理中的 19 个文化元素,分别是“人、变、和、道、实、法、威、信、勤、术、圆、器、效、谋、群、责、危、勇、德”,并对这19个文化元素给出了对应的解释。

总结我国学者从管理视角对东方文化的分析以及东西方文化的对比,东方文化下的基层关系型治理应当具有如下特征。

1)基层关系型治理以“以人为本”为基本理念

维护人民利益,尊重人民权力,满足人民需求,获取人民认同。基层关系型治理的根本目标是维护人民利益,完善民生品质;在治理过程中坚持以人民的合法需求得到满足,合法权益得到尊重为工作的第一要务;在治理主体构成上将公民纳入主体构成中,作为主要的管理者之一行使管理社会的权力,注重人才资源的使用和公民在社会治理中的作用。

2)基层关系型治理以关系规范作为合作基础

东亚文化注重事务的关联性和人际关系的管理。对于关系型治理而言,亦注重在运作过程中良好关系的建立与维持。在基层关系型治理中,各治理主体通过利益、人情等要素建立良好的关系作为合作治理的基础。

3)基层关系型治理以“规范与情理并举”为基本思路

从历史的角度看,长久以来我国社会一直秉持用道德规范社会,以“合情合理”作为衡量社会行为是非的主要标准,以“人治”作为社会管理的唯一方式。这在中国相当漫长的历史上发挥过十分重要的作用。但在当前我国社会已经发生了巨大的变化,时代的发展已经将陈旧的治理方式抛弃。在更为严谨的“法制”社会中,“合法合规”成为了概念上唯一的“是非”标准。由于中国文化中“合情合理”的行为更容易为人们所认可,因而在关系型治理中需要坚持“规范与情理并重”,避免由于“只见规范不见情理”而给治理带来不必要的困难。

4)基层关系型治理以“共同行动”为基本方式

多方参与是治理的本质内容,因而在其中各方关系的管理尤为重要,这直接影响到治理活动能否有效开展。注重关系,即以牢固的关系作为合作治理的前提条件。在合作治理过程中,参与各方地位平等,兼顾到治理的根本目标和在这一过程中各方自身存在的实际利益,尊重各方在社会基层治理过程中的多元需求,以此来构建稳定的适合长期合作治理的牢固关系。

5)基层关系型治理以现代科技为技术支撑

在进行基层社会关系型治理过程中,需要运用当前先进的网络信息技术,通过构建网络平台的模式,加强合作治理各方的高效沟通,在不断交流中密切各方关系,为治理创造一种良好的合作氛围和更为紧密的关系基础,从而强化合作各方对于所构建的关系型治理体系的认同,提高治理效率。

6)基层关系型治理以创新性和前瞻性作为发展动力

对于基层社会管理而言,关系型治理的引入本身就是一种创新。对于基层社会关系型治理而言,要发挥更大的作用,就必须体现出较强的开放性和较大的发展空间,体现出前瞻性。面对着多变的基层社会治理环境,基层社会关系型治理更需要不断加强自身机制和模式的创新,丰富其内涵,应对实际工作的需要。

东方文化下的基层社会关系型治理结合了关系型治理和东方文化的优点,有着诸多的优质特性,这也就决定了其作用必然不可忽视。它开辟了社会管理创新的新路径;基于关系的自发建立,提高管理稳定性;可以明确管理目标,提高管理认可度;可以整合各方利益,提高管理效率。

8.3.2　基于东方文化的基层关系型治理模式与机制研究

基层社会关系型治理由于涉及诸多社会行为主体的参与,其顺利展开需要有明确的模式与程序,以克服当前我国基层社会管理中存在的诸多问题。在对关系型治理进行了解,从管理视角对中国文化的特点做了梳理以及对基层社会关系型治理特征和作用进行阐述的基础上,结合社会实践,提出了基于东方文化的基层关系型治理的系统模式。该系统模式由一条纽带、两个平台、三个主体、四项策略以及五项机制构成,在此基础上衍生出多种子模式,作为该系统模式的外延,如图 8.2 所示。

该模式以"业缘"关系为作用对象,以包含社会组织和企业等经济组织在内的社会力量为基层治理体系的重要组成部分之一,旨在解决当前基层社会管理中存在的部分问题。

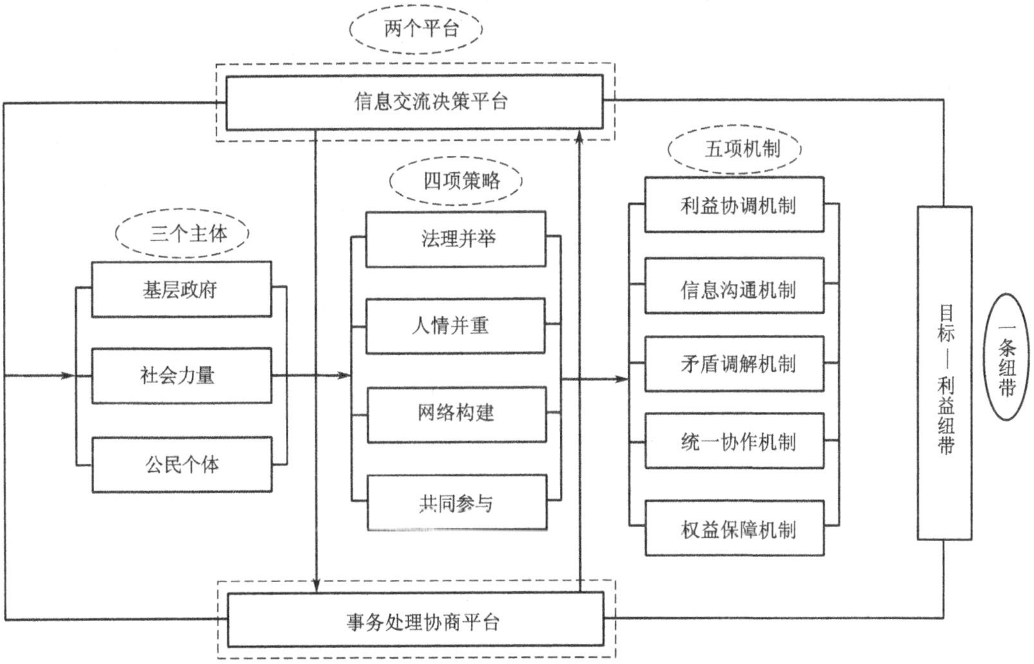

图 8.2　基于东方文化的基层关系型治理系统模式

1. 一条纽带

分析当前我国基层社会管理存在的诸多问题,有相当一部分来自于管理主体的目标不一致,利益不统一,在管理实践中时常出现不可调和的矛盾,导致基层社会管理陷入困境。在基层关系型治理中,各方可以利用协商方式,在对社会管理项目的管理目标、利益分割等方面进行充分讨论,紧紧抓住"目标—利益"这条纽带,即以基层社会的和谐安定为根本目标,以人民群众的切身利益为根本利益,将各方治理主体和利益群体紧密联系在一起,努力实现行动一致,确保管理任务的完成。

2. 两个平台

1)信息交流决策平台

该平台构建的意义在于体系各方在实现各方面信息共享的基础上,就希望实现的预期目标、期望取得的预期利益进行充分的沟通与交流,在此基础上找出各方目标的公共区域,并以此制定行动方案和总体规划,指导基层社会治理活动。

2)事务处理协商平台

行动方案和总体规划制定之后,当遇到突发事件或问题,或者遇到了矛盾和冲突时,也需要有一个平台供各方讨论具体事件的解决方案,该平台功能就在于此。相较第一个平台而言,这个平台不具有决策功能,更多的是对具体问题寻求快速有效的解决方案,确保关系型治理过程的顺利进行。

3. 三个主体

在社会治理语境下,关系型治理主体的结构和性质发生了变化,但他们在目标和利益上仍具有相当程度的一致性。这里的治理主体包括基层政府、社会力量和公民个体三方。这里的社会力量包括了社会中存在的正式的社会组织和以企业为代表的经济组织。在这三者中,基层政府无疑在资源方面具有先天优势。在开展关系型治理过程中,其有义务帮助和扶持其他各方有效参与到该体系中;社会组织这些年来在我国有了长足的发展,虽然当前社会组织仍然存在许多突出问题,但这并不妨碍社会组织作为基层社会关系型治理的主要参与主体之一;随着社会的不断发展,我国公民的自身素质不断得到提高,在基层社会关系型治理中,其作用应该得到重视。人民群众不仅是社会管理的参与者,更是社会管理的对象和受益者,在关系型治理中,利益纽带的存在使得公民的角色更为重要,成为了治理成功与否的关键因素之一。基层政府应当主动加强与民众的交流与联系,降低彼此的距离感;与社会组织的关系应当更加清晰明确,在支持社会组织发展的同时,保障好社会组织发展的独立性。

4. 四项策略

在开展基层社会关系型治理过程中,参与各方应当把握好四项策略。

1)法理并举策略

在法治社会中,法律是衡量是非的唯一标准,但在社会治理中,尤其是在我国社会文化的背景下,治理还应当充分考虑“情”与“理”,即对于“合法”但“不合情理”的事情,应充分考虑到其社会的认可度,避免由此带来的社会矛盾。

2)人情并重策略

在社会治理中,不仅要以人为本,充分重视人的利益,还要重视“情感”的存在。在东方文化下,情感在关系型中具有重要的作用,应当充分利用中国文化中特有的“人情”与“面子”因素强化对治理中各行为主体的约束与规范,作为“目标—利益”纽带的辅助加固关系型治理中的各种“关系”。

3)网络构建策略

这里的网络构建,一方面是指参与治理各方之间建立普遍联系,另一方面,同一主体的不同层级之间,不同主体的不同层级之间也都需要建立普遍的联系,最终形成打破局部权力层级的关系型治理体系。

4)共同参与策略

这里的共同参与包括四个方面:目标制定的共同参与、利益划分的共同协商、解决方案的共同设计、治理结果的共同评估。只有在关键内容上实现共同参与,才能在治理过程中自发消除内部歧见,保证行动的一致性。

5. 五项机制

社会管理机制创新是社会管理创新的核心。仅仅通过以纽带串联起来的三个主体,利用两个平台和四项策略无法有效完成基层社会关系型治理,这中间需要有具体的机制以明确实现这一过程的路径。

1)利益协调机制

关系型治理以其特有的优势完全可以对基层社会多元需求加以有效应对,利益协调机制即对这一优势的利用。通过在关系型治理中各方利益的协商,找出各方利益的最大公约数,作为具体治理内容的根本利益,以此来保证各方均能够按照对整体有利的方向行动,实现有效的基层社会关系型治理。

2)信息沟通机制

各方在实践中对具体的社会治理行为期待往往会有差异,尤其是在目标、过程、结果等方面均会有不同的认知。此外,多方共同治理也必须要有充分的信息交流才能实现有效配合。信息沟通机制设立的意义就在于保障各方及时充分的信息交流,避免由此带来的理解失误和行动偏差。

3)矛盾调解机制

在关系型治理各方协商过程中,难免会出现观点立场不一致的情况,在某些情况下,这种分歧和矛盾甚至一时难以解决。在治理工作进行过程中,同样也会出现各种纠纷,在很大程度上影响基层社会治理工作的顺利开展。矛盾调解机制的建立,一方面可以尽可能地将关系型治理过程中各方面出现的矛盾及时化解和解决,另一方面可以防止由于自身利益受到暂时的损害而丧失继续维持关系型治理行为意愿情况的发生。

4)统一协作机制

基层社会关系型治理作为一种多方参与的共同治理,其反应的敏捷性和行动的统一性先天不如单一治理主体那样具有优势,为了克服这一弊端,就需要建立统一协作机制。对于常态性的治理事务和突发性的社会治理事件力图做到迅速一致的反应,以实现管理效率的提升。

5)权益保障机制

基层社会关系型治理强调各参与主体的平等性,但从实际情况来看,各主体由于在规模、发育程度、资源掌握程度、自身能力等方面存在着显著的差异,因而在关系型治理开展过程中对于自身利益的保护能力有所不同。在基层社会关系型治理中,需要对社会组织的独立性予以维护,通过制度规范和监督保障社会组织活动的独立客观;需要对公民行使合法权利的能力予以保护,保证公民的利益诉求得到应有的尊重。

6）多种子模式

由一条纽带、两个平台、三个主体、四项策略和五项机制所组成的体系构成了基于东方文化的中国基层关系型治理的基本模式。但由于社会管理与当地社会文化和社会发展水平息息相关，因而具体的模式不应该拘泥于一种普遍情形，而是针对当地实际情况建立起具有当地特色的基层关系型治理模式。比如在较为偏远的地区，社会组织发展薄弱，还无法承担基层社会管理责任；又如公民基本素质偏低，或者人口结构具有地区特点等，需要按照具体情况对现有基本模式进行修改和补充完善，以此来保证基层社会治理目标的实现。

8.3.3 基于东方文化的中国基层关系型治理系统模式对策研究

1. 基于"一条纽带"打造"三位一体"的治理参与体系

在关系型治理中，共同的利益和目标是维系治理稳定的基础。在构建基层关系型治理模式过程中，应牢牢把握住这条"纽带"，将基层政府、社会力量和公民个体的利益与目标紧紧联系在一起。如厦门市思明区镇海社区，原本是一个无物业小区，长期的脏乱差和治安事件时有发生使得小区民众怨声载道。2013 年 6 月，厦门开展"美丽厦门，共同缔造"的活动，在当地政府的引导下，民居在自主选楼长，参与小区管理，民主决议小区大事，实现了小区奇迹般的转变（蒋升阳，2014）。这一事例就是将政府与公民利益一体化的较好例证。

2. 利用"两个平台"和"四项策略"构筑治理联系网络

两个平台和四项策略的宗旨在于打破组织与层级之间的界限，实现关系型治理当事人直接、及时、充分的交流，以此来化解可能出现的冲突和矛盾，以利于社会治理工作的开展和各方行为的统一。在具体工作方面，第一，可以完善现有的沟通与交流方式，保证各方交流的顺畅性，比如健全信访制度；第二，开辟新的沟通与交流渠道，增强政府与社会各界的联系，比如可以运用网络平台推动"民声墙"项目、强化政务平台建设等。此外，还可以在辖区内设立政民交流点，加强政府与民众的面对面交流。

3. 依据"五项机制"完善治理工作机制

五项机制是基层社会关系型治理的必要保证，因而各地在实践过程中应充分重视五项机制的健全性。关系型治理的基点是利益统一，因此应当从利益协调机制出发，保障各方利益尤其是涉及百姓的利益得到妥善的维护；有效实现利益等各方面的统一，需要有充分的信息沟通机制，增进彼此认知和认同，最终实现共同利益；在这一过程中，难免会出现矛盾与冲突，这时，矛盾调解机制可以有效缓解甚至化解存在的矛盾和冲突，保证各方仍旧有强烈的意愿参与到关系型治理中来；尽管有"纽带"的存在，但仍不能保证各方行为的一致性和规范性，这时就需要有权益保障机制，对各方权益实施有效保障，确保各方行为的稳定性；在此基础上，最终实现各方行为的统一协作，实现共同目标。

4. 运用多种方式发展特色治理实践

由于社会文化的支持度、社会组织的发展水平以及人民群众参与意愿的差异，不同地区可以结合自身实际为自己"量身定做"适合本地社会的治理实践。但无论如何实践，其宗旨依旧是发展群众力量参与基层社会治理，依靠多元关系支撑社会治理。只有群众的力量得以释放，社会治理才会想着更为合理的方向发展，因为群众本身是社会治理的最大受益者。

在实践过程中，要注意对蕴藏在社会参与各方的共同的或者大部分利益和目标的发掘，以此来建立多种形式的关系，为基层社会关系型治理的开展打下坚实基础。

8.4　公民参与社会管理创新的机制与对策研究

社会管理创新是为适应社会经济发展新形势、应对新挑战在治国理政思路上的重大创新，是构建社会主义和谐社会必然要求实现。2004 年 6 月党的十六届四中全会提出要“加强社会建设和管理，推进社会管理体制创新”。2007 年党的十七大报告提出要“建立健全党委领导、政府负责、社会协同、公众参与的社会管理格局”，社会管理被纳入更完备的体系性框架之中。2011 年 2 月，胡锦涛同志在省部级主要领导干部社会管理及其创新专题研讨班开班式上发表重要讲话，指出了工作的重点。2011 年 7 月 5 日，党中央、国务院印发《关于加强和创新社会管理的意见》，进一步明确了加强和创新社会管理的指导思想、基本原则、目标任务和主要措施。2012 年 3 月温家宝同志在政府工作报告中明确提出，加强社会矛盾化解、社会管理创新，强化政府社会管理和公共服务职能，社会管理创新首次以重要篇幅被写入政府工作报告。

公民是社会的主人，是建设和谐社会的最广泛参与主体，是实施社会管理创新的基础，因此，社会管理创新不仅需要政府发挥其应有的作用，更需要积极推动公民参与，激发社会活力，使广大公民有序地参与到社会管理创新过程中，主张自身利益诉求，维护自身合法权益。因此，科学化、有序化、制度化的公民参与是实现有序社会管理创新的内在要求，是提高社会管理水平的重要保障。

目前，我国社会管理创新中的公民参与已有了长足的发展，如公民参与意识不断提高，参与能力日益增强，公民参与有了一定的组织和制度保障，公民参与的深度和广度日益增加，等等。但仍存在着诸多问题，比如公民参与意识淡薄，参与能力不足；公民参与组织载体功能失灵，制度化参与渠道不足；相关法制建设滞后，等等。这些问题的存在降低了公民对参与社会管理创新的评价，挫伤了公民参与的积极性，不利于公民社会建设，不利于社会主义和谐社会的构建，亟须开展有关公民参与社会管理创新的研究。目前有关中国语境下公民参与社会管理创新的研究还不多，且主要集中在公民参与社会管理的国际比较、存在的问题与对策研究等方面。比如，罗明、肖敏（2012）归纳了国际上公民参与社会管理的巴西模式、美国模式、北欧国家模式，并总结了对我国公民参与社会管理的启示。杨军剑（2008）、杨采琴（2012）论述了当前我国公民参与社会管理存在的问题并提出相应的对策建议。惠新宇、何亮坤（2011）探讨了互联网背景下公民参与社会管理的问题。邓桂兰、周云华（2012）研究了健全公民参与社会管理决策机制问题。刘红叶（2012）基于治理和善治理论的视角分析了公众参与社会管理的途径。程琥（2011）总结了我国公众参与社会管理的法制发展，并提出公众参与社会管理机制创新的路径选择。有关公民参与社会管理创新机制的研究甚少。因此，深入分析和探讨公民参与社会管理创新的机制及问题，提出建立健全公民参与社会管理创新的对策建议，不仅具有重要理论意义，而且具有十分重要的实践意义。

8.4.1 公民参与社会管理创新的内涵、机制与问题

1. 公民参与社会管理创新的含义

在我国,社会管理作为一个独立的概念形成于20世纪80年代初期,一般而言,有广义和狭义两种理解。狭义上,社会管理是政府对社会公共事务中除政治事务和经济管理事务之外部分事务的管理与治理;广义上,社会管理主要是政府和社会组织对社会生活、社会观念、社会事业、社会制度等各环节的组织、协调、服务、监督和控制(应松年,2010)。本书采用广义上社会管理的概念,认为社会管理是指包括政府、社会组织、公民在内的多元主体对各类社会公共事务所实施的管理与服务活动,管理主体的多元化、管理方式的多样化、管理理念的民主化是现代社会管理的本质特征。

社会管理创新是指依据社会自身运行规律,研究并运用新的社会管理理念、知识、技术、方法和机制等,对传统管理模式及相应的管理方式和方法进行改造、改进和改革,建构新的社会管理机制和制度,以实现社会管理新目标的活动和过程,其目的是使社会能够形成更为良好的秩序,产生更为理想的政治、经济和社会效益。

公民参与又称为公共参与、公众参与,源于古希腊雅典的直接民主模式,到近现代主要表现为哈贝马斯的"公共领域"、黑格尔的"公民社会观"等理论范式,它是指公民通过一定的渠道,参与或影响公共政策或公共事务的行动过程。

公民参与社会管理创新是指公民在社会管理创新过程中表达自己的思想、意愿和价值取向,从而影响社会管理创新过程和公共部门行为的活动。公民参与是社会管理创新有效运行的基础性因素,公民参与社会管理创新能够有效防止公共权力异化,有利于优化社会管理政策,提高社会管理效率,能够培养公民意识,提升公民公共责任感,保证公民权利的实现。

2. 公民参与社会管理创新的机制及存在的问题

公民参与社会管理创新的机制是公民参与社会管理创新过程的各种形式、方法、渠道、手段以及制度安排的总称,是一个由众多因素构成的复杂系统。从功能来划分,公民参与社会管理创新的机制包括动力机制、利益诉求表达机制、政府回应机制、监督机制等。

1)动力机制

公民是否愿意参与社会管理创新,取决于公民利益和社会管理创新的关联方式、公民参与的能力及参与影响力。一般而言,公民利益与社会管理创新的关系越紧密,公民参与能力越强,公民参与影响力越大,公民就越会选择积极主动参与社会管理创新。目前,我国经济社会的发展所引致的一系列经济结构、政治体制以及社会组织结构的变迁与发展为社会管理创新中有序的公民参与提供了坚实的经济基础、有力的政治保障、适宜的制度空间和现实的实践平台。具体表现为:社会主义市场经济条件下社会经济结构变迁所导致的利益分化促进了公民参与的发展;以村民自治与城市社区自治为代表的基层民主化为公民参与社会管理创新提供了现实载体;网络技术的发展给公民参与社会管理创新提供了有力的制度保证;服务型政府构建为公民参与社会管理创新提供了现实的制度空间。但当前诸多问题的存在使得我国公民参与的积极性、主动性严重不足。

(1)公民参与的被动性。当前,我国部分公民参与并非出于自愿和自觉,而是受到他人或外力的引诱、劝说、动员甚至威胁等被迫参与政治生活的(曾国平,2008)。究其原因主要有两个方面。①我国传统政治文化所形成的“官本位”思想、“臣民”意识等极大束缚了公民参与,公民缺乏参与热情,认为社会管理创新是政府部门的事情,公民只能按章办事。一部分公民把自己当作国家和政治的附属物,崇拜权威,依附权威,对政府官员的依赖使他们的主体意识和独立人格萎缩,造成政治认知水平低下,进而放弃了参与主体资格(梁晓平,2008)。②个人参与的效能感低。自我效能感是公民参与的心理基础,决定着公民参与的深度和强度,当社会公众感觉自己个人一票无足轻重,不能影响社会管理创新、公共政策制定时,就会产生一定程度的挫折感,久而久之就会失去参与热情和积极性。

(2)公民参与的功利性。民主、科学的公共政策应当综合考虑各方面因素,将整体利益与个体利益、长远利益与眼前利益有机结合,而当前我国公众则较多考量自身利益、眼前利益,如果预测参与成本超过预期回报,就会选择“退出”或选择不参与。此外,在社会公众中还普遍存在“搭便车”的投机心理,总是希望别人积极参与而自己坐享其成。

(3)公民参与能力不足。由于公共政策具有相当的专业性、科学性,部分公民虽然有较高的参与意愿,但却不知道自己作为一名公民在社会管理创新中享有的权利和应履行的义务,更不知道参与社会管理创新应遵守的制度、法规、程序,不恰当、不适合、不规范的参与行为时有发生,公民参与的积极性不高。

2)利益诉求表达机制

人类社会是在矛盾运动中发展进步的,构建社会主义和谐社会就是一个不断化解社会矛盾的过程。目前,我国正处于改革发展的关键时期,经济体制深刻变革,社会结构深刻变动,利益格局深刻调整,思想观念深刻变化,在人民根本利益一致的基础上出现了不同利益群体、不同社会成员的个性化利益诉求。要构建和谐社会,必然要建立科学有效、多渠道的利益诉求表达机制(葛景富,2010)。改革开放以来,我国的利益诉求表达机制建设取得了一定的成绩。但总体来说,仍存在一些问题。

(1)诉求渠道不畅。我国的人大代表、政协委员总体上能代表广大社会公众的利益,但对普通公民来说,直接参与的机会太少,自下而上的参与渠道严重缺乏。

(2)诉求组织载体功能单一,作用较弱。理想的公民参与组织应同时具有输入和输出两种功能,是公民参与社会管理创新与决策的纽带、桥梁。目前我国大量存在的诸如各级人大、政协、党组织、青年团、妇联工会以及各种学会、协会、行会、社团等各类组织和社会团体,从理论上讲,可以成为广大社会公众参与社会管理,表达自身意愿,主张个人诉求的组织载体。但在实践中,由于我国多数决策属于“精英内部输入,决策过程内部精英政治折中”,大部分组织的输入功能都远远小于其“输出”功能,他们在向公众宣传政府的精英政策,要求民众遵守政府的政策法规时乐此不疲,但在向政府部门传达民众诉求,反馈民众对政策的感知时却往往失灵。

(3)诉求表达制度缺失。在现代民主国家,利益诉求都有一整套规范、健全的制度体系作保障,利益诉求的制度化水平是衡量公民参与的重要标尺。但当前我国公民利益诉求表达缺乏政府的有效规范和必需的制度化安排。比如,一些地方设立了公民参与的具体模式:

市长接待日、市长热线、市长信箱等，但常常因为有失制度化、规范化，这些好的公民参与形式往往变成“官场秀”“伪参与”“一阵风”，无法收到令人满意的效果。

3）政府回应机制

“回应”即对某种行为、诉求、建议的反映与反馈。政府回应，一方面，要求政府在公共管理过程中对公众的社会需求做出积极的应答，不能解决的也应当给予答复并解释原因；另一方面，对正当、合理的公众需求要付诸行动予以满足（李伟权，2002）。政府回应是构建和谐社会的客观要求，是服务型政府的重要特征。近年来，我国在政府回应方面做了许多有益的探索，如公开承诺制度、领导接待日制度、听证制度等，但仍有待开拓、创新、完善。具体表现在如下方面。

（1）政府缺乏回应动力。受我国传统政治文化的影响，一些政府部门及其工作人员错误地认为公民无权干涉政府办事，认为政府让公民参与公共事务，是政府对公民的恩赐，习惯于“高高在上”“发号施令”的思维方式和工作状态，再加之公民参与的动力不足，政府回应性自然较差。

（2）政府回应方式陈旧，回应效率有待提高。由于转型期我国政府部门职能转变未完全到位，官僚主义作风根深蒂固，即使通过基层调研、社会媒体反映、信访机构接受群众来信、来访等方式了解了公众的某些需求建议，但由于资源缺乏整合、力量缺乏集中，政府采取的举措往往难以取得令公众满意的效果。

（3）回应向度单一。在回应向度上重视对上回应，轻视对下回应。一些政府部门热衷于完成上级部门下达的各项指标，对于广大社会公众的诉求却往往重视不够甚至置之不理。

4）监督机制

孟德斯鸠曾经指出：“一切有权力的人都容易滥用权力，这是万古不变的一条经验。”权力如果失去制约和监督，会导致权力滥用和腐败。公民享有和行使监督权利是公民参与社会管理创新的基本前提，完善的监督机制是公民参与机制的重要组成部分。但目前我国公民参与社会管理创新的监督机制并不够完善，这主要体现在如下方面。

（1）普通公民缺乏监督条件和信息。在社会管理创新中，普通公民在资源、信息等方面处于弱势地位，对权力的监督往往缺乏必要的条件和能力，我国从20世纪90年代以来逐步推行政务信息公开，但效果并不尽如人意。在整个公民参与的过程中，政府往往只注重单项信息告知，公民只是信息的被动接受者，不仅如此，政府甚至在信息告知上还不完全，政府公开的信息往往是公众不感兴趣的信息，而公众感兴趣的问题政府却不愿公开，普通公民很难进行有效监督。

（2）公民监督的立法滞后。目前，有关公民监督的规定多为党内文件和规范，上升到法律层次的较少，公民监督常常处于无法可依的被动局面。

（3）公民监督制度有待完善。公民监督活动的有效开展有赖于公民监督从形式到内容的各项制度的完备和健全，尽管我国现行法律制度对公民监督权有相关规定，公民监督的基本原则也已界定明确，但监督行为的制度化水平仍较低，缺乏可以依据的法律规则和具体程序，导致公民监督“走过场”、搞“形式主义”。

8.4.2　健全公民参与社会管理创新的对策建议

1. 强化服务型政府意识，创新社会管理理念

服务型政府即为公民服务的政府，它是在公民本位、社会本位理念的指导下，在整个社会民主秩序的框架中，把政府定位于服务者的角色，并通过法定程序，按照公民意志组建起来以“为人民服务”为宗旨，以公正执法为标志，并承担着相应责任的政府。服务型政府的基本特点之一就是还政于民，政府在社会管理创新中要为公民权利的实现提供保障和服务，在服务型政府理念下，公民满意度是衡量社会管理创新成效以及衡量政府部门绩效的主要依据。政府只有切实树立了“服务”“以人为本”“民众导向”等服务型政府意识，才能够在社会管理创新中把民众利益放在首位，自觉地采取各种手段、途径吸收民众意见，倾听民众呼声，为公民广泛参与社会管理创造良好的环境。

2. 明确政府角色定位，构建社会管理创新的多元化主体

政府是社会管理创新的主导者，但也要充分发挥公民、非政府组织的作用，构建社会管理创新的多元化格局，提升社会管理水平。

(1)政府要合理放权与分权。在现代社会管理模式下，政府应该“有所为，有所不为”，要敢于合理放权，分权，还权于民，还权于社会。社会管理创新中政府分权可以有两种途径。其一，上级部门向下级部门放权，即政府内部纵向分权。市政府放权于区政府，区政府放权于街道，基层政府拥有更多的所辖区域内的治理权力。其二，横向分权，即政府向社会分权，鼓励公民、行业协会等社会组织积极参与社会管理事务，把更多的社会管理问题交由社会自行解决，政府在社会管理创新中专司“掌舵”之角色。政府的合理放权和分权能够有效界定社会管理中的社会分工，提高社会管理水平(蔡小慎、卢鹏展，2007)。

(2)要大力发展非政府组织。社会管理创新的实质在于政府与社会的良好协作，但这种协作往往是间接的，常常需要一个中介组织的协调，非政府组织就可以发挥这种中介作用，成为政府与公民的沟通桥梁。非政府组织一方面能够及时把社会公众对政府的诉求、愿望集中起来，传达给政府相关部门，另一方面又可以把政府意愿和对相关问题的处理转达给社会。非政府组织能够有效弥补政府和市场部门的不足，完成政府部门和市场部门不能或不能有效完成的社会职能。

(3)要把社区打造成为公民参与社会管理创新的重要平台，以社区自治推进社会管理创新。为此，除了要强化社区的硬件建设外，还要通过制定落实相关政策制度保障社区工作人员的切身利益，稳定现有社区工作人员队伍，并积极吸引更多的优秀人才参与社区工作，同时，还应通过加强社区民主制度建设、公民参与的教育制度建设，推动社区公民积极参与社会管理创新。

3. 加强宣传教育，强化公民参与意识，提高公民参与能力

美国政治学家阿尔蒙德和维巴(2008)把政治文化分为村民政治文化、臣民政治文化和参与者政治文化三种主要文化类型。其中，只有参与者政治文化背景的公民才会对政治系统做出积极的回应。参与者文化对公民素质有两个基本要求：一是公民须具备一定的参与意识，二是公民须具备一定的知识和技能。

基于此,首先,在社会管理创新中应通过广泛的宣传和教育让广大民众逐步摆脱传统思想观念的束缚,正确意识到:社会管理创新的主体是公民,社会管理创新的目标是公民满意,公民既是社会管理者也是被管理者,公民参与社会管理创新既是其权利也是他的义务、责任,积极参与社会管理创新是维护、实现自身利益的必由之路。

其次,要加强对公民的教育、培训,使其能有效地扮演好参与者角色。为此,第一,要着力提高公民的政治修养和文化素质,使公民能够有效运用理性思维来评估社会管理的参与者。第二,应通过开办培训班等形式丰富公民有关社会管理创新方面的知识和技能,并通过实践使公民不断提高其参与能力。

4. 加强公民参与社会管理创新的制度化建设

(1)要加强立法,为公民参与社会管理创新的范围提供法律依据。实践证明,如果没有法律法规给予公民参与范围做出具体界定,公民参与机制即使建立,往往也只能是一种仅具有象征意义上的“参与秀”。在现代社会中,社会公共事务涉及范围广,内容纷繁复杂,一些公共事务、社会管理政策本身就具有不同程度的机密性要求,公民直接参与每一项社会管理事务既没有必要,也不可能。基于此,法律既要赋予公民参与权,又要对权力行使进行科学、适当的限定。在界定公民参与范围的基础上,还要对公民参与行为进行法定化,尤其对于那些没有经过公民参与的社会管理政策,给公民造成利益损失的要追究相关人员的责任。

(2)要建立健全公民参与社会管理创新的具体制度。制度体系能够为公民参与社会管理创新提供必要条件和途径,能够引导公民参与的方向,规范公民参与的广度和深度。目前,在提高公民参与社会管理创新的制度化水平方面,一是要完善和落实好已有的制度,提高其可操作性和实用性;二是要不断进行制度创新,积极探索切实有效的新制度(王彩梅,2006)。

第 9 章　新常态下的公共管理:困境与出路

新常态自提出以来受到了国内外各界人士的广泛关注,他们纷纷从不同的视角界定了新常态的内涵。而使新常态成为一个具有历史穿透力的战略性概念的关键因素就是习近平总书记对我国新常态的系统性阐述。这些重要的论述体现了我国新一届领导人全新的治国理念。因此,在系统分析新常态这一概念的演化路径的基础之上探索性地从准范式的角度解读"新常态"的理论概念,并将其推衍到经济、政治、社会、文化、生态环境等领域,同时分析了当前公共管理领域的各种困境,并指出这些存在于新常态下的公共管理困境已经成为一种倒逼机制,迫使我国政府应尽快出台系统性的治理措施,以便为公共管理部门走出管理困境找到现实有效的路径。

9.1　新常态的发展和理论内涵

"新常态"之"新"意味着通过进行深刻变革,彻底打破传统思路和模式;"常态"意指一种长期稳定的态势。"新常态"即为通过深刻变革,打破传统思路和模式后形成的一种新的长期稳定的发展趋势。事实上,"新常态"(The New Normal)本身是一个经济学术语,2002 年开始频繁出现于美国主流媒体的话语体系中。2010 年初,全球最大的债券基金——美国太平洋投资管理公司的两位首席投资官比尔·格罗斯和穆罕默德·埃尔埃利安用"新常态"一词来归纳 2008 年金融危机之后世界经济特别是发达国家所发生的变化。

我国学者探讨"新常态"这一概念最早的情境也是对国际经济形势的分析,经济学家林毅夫、李扬等纷纷采用"新常态"一词来阐述国际经济新常态的主要表征。而北京大学国家发展研究院黄益平教授(2012)在其 2012 年的一篇专栏文章中第一次赋予了"新常态"在中国经济发展领域的本土化内涵,并将"较低的经济增长、较高的通货膨胀、更为公平的收入分配、更为平衡的经济结构、加速的产业升级换代和更为激烈的经济周期"作为中国经济发展新常态的主要特征。

2014 年 5 月,习近平总书记在河南考察时第一次提出了"新常态",这使得"新常态"这一概念第一次出现在了我国官方的话语体系中。随后,习近平总书记在多次会议上深入解读了中国经济发展新常态的主要特征,使得新常态的概念不断显性化和明确化。2014 年 12 月 9 日,中央经济工作会议对经济发展新常态再次做出系统性阐述,全面阐述了经济发展新常态下的九大趋势性变化。至此,我国经济发展新常态的经济性核心内涵和主要特征得以明确化 。

通过梳理"新常态"这一概念国内外嬗变的历程,其理论内涵初见雏形。新常态是符合发展规律的趋势性、常态化的发展路径选择,其具有准范式的特征,应该将其作为一种重要的认知理论框架,指导相关领域内角色关系的界定、行为方式的选择和冲突问题解决之策的选择。在这一理论内涵界定的基础上,提出中国语境下政治、经济、社会、文化和环境领域新常态的核心内容和显著特征。

9.2 中国语境下新常态的核心内涵

9.2.1 经济发展新常态

2014年中央经济工作会议首次对经济发展新常态的发展理念、趋势特征、增长动力、发展机制和增长结构等方面进行了明确的界定,并正式提出我国已经进入经济新常态的发展阶段。会上,中央从“消费需求”“投资需求”“出口和国际收支”“生产能力和产业组织方式”“生产要素”“市场竞争”“资源环境约束”“经济风险积累和化解”“资源配置模式和宏观调控方式”等九大方面系统全面地阐述了“经济发展新常态”下的中国经济发展的九大趋势性变化,并据此提出了“八个注重”和“五大任务”以作为适应新常态和引领新常态的落地机制。保持经济稳定、调整经济结构、注重政策效益、追求增长质量、突出创新驱动、实现和谐发展成为了新常态经济的核心内涵。经济增长速度放缓意味着我国正式告别8%的经济增长高速度而进入经济增长持续保持低速的新时代,同时在全球价值链重构和要素全球配置的背景下,为了应对国际竞争的加剧、缓解经济结构失衡带来的后遗症、实现国内经济平稳增长的战略需求,通过促进技术进步、淘汰落后产能,加速衰退产业转移、发展新兴产业来推进经济结构的优化转型势在必行。为了包容经济增速放缓的常态和经济结构优化调整的常态,势必要求宏观调控政策应以对前期政策的消化为主导方向,转变过去通过“放水”“刺激”等需求管理手段,取而代之的应是总量稳定的稳健性货币政策和引导财政资金和社会资本投资从经济建设向服务民生转移的结构优化的财政政策(管清友、朱振鑫,2014)。除此之外,积极挖掘新的经济增长点、重点培育经济增长的新动力、充分发挥创新驱动这一增长引擎的突出作用亦是在经济新常态下实现经济平稳健康发展和社会和谐稳定发展目标的重大战略选择。

9.2.2 政治新常态

党的十八届三中全会提出“将完善和发展中国特色社会主义制度,推进国家治理体系和治理能力现代化”作为我国全面深化改革的总目标。随后中国共产党第十八届中央委员会第四次全体会议审议通过的《中共中央关于全面推进依法治国若干重大问题的决定》中提出将建设中国特色社会主义法治体系,建设社会主义法治国家作为全面推进依法治国的总目标。据此,在依法治国和依宪治国的前提下推进国家治理体系和治理能力现代化成为我国政治的新常态。

政治新常态反映出我国新一届领导人治国理念的战略性转变。治理理念是一个全新的政治理念,由“统治”到“管理”再到“治理”是国家政治理念的伟大变革,表明党对社会政治发展规律有了新的认识。国家治理体系和治理能力是一个国家制度和制度执行能力的集中体现。衡量国家治理体系现代化的标准主要有如下几条。

(1)公共权力运行的制度化和规范化，体现为政府治理、市场治理和社会治理有完善的制度安排和规范的公共秩序。

(2)制度安排的民主化，体现为公共治理和制度安排皈依公民本位，所有公共政策要从根本上体现人民的意志和主体本位。

(3)治理的法治化，体现在形塑宪法和法律在公共治理领域的最高权威，倡导法律面前人人平等，坚决抵制任何治理主体僭越法律的行为。

(4)政府履职的高效化，体现为政府公共管理与公共服务要秉承效率和有效的理念。

(5)协调性，即现代国家治理体系是一个有机的制度系统，从中央到地方各个层级、从政府治理到社会治理，各种制度安排均应协调统一。

由此可见，推进治理能力现代化的主要抓手就是要实现治理的法治化、民主化、制度化、高效化、协同化，而且需要强调的是法制化是实现国家治理体系和治理能力现代化的基础和保障。毋庸置疑，作为最主要的治理主体，政府执政能力和社会治理能力的提升将成为治理能力体系良性运行的基础和保障。因此，建设法治型政府、服务型政府、责任性政府及满意型政府成为推进治理能力现代化的题中应有之义。

9.2.3 社会新常态

习近平总书记在中共中央政治局第四次集体学习时强调，必须“坚持依法治国、依法执政、依法行政共同推进，坚持法治国家、法治政府、法治社会一体建设”。可见，法治社会的建设已经上升到国家治理战略的新高度，并同法治国家、法治政府的建设一起成为法治中国建设的新部署。毋庸置疑的是，法治国家的构建是以健康有序的法治社会为基础的，法治社会作为一种理想、稳定的社会状态，可以为法治国家的建设提供一个全民懂法、全民信法、全民守法、全民护法的良好社会环境，确保依法执政和依法行政的有效推进，集结全社会的力量共同参与法治国家的建设。因此，“增强全民法治观念，推进法治社会建设”这一创新社会治理的定向和定位必将成为未来我国社会领域发展的新常态。法治社会“新常态”的核心内涵包括如下方面。

(1)要通过建设社会主义法治文化和弘扬社会主义法治精神来培育全民的法治意识，在全社会范围内形成尊重法律、崇尚法治、依法行事的良好社会氛围，将法律作为统筹社会力量、调节社会利益、调整社会关系及规范社会行为的基本依据一以贯之。

(2)要在法律的框架内转变社会管理方式和创新社会治理机制，形成政府、社会组织和公众等实质性共同参与的多层次、多领域的社会治理体系。

(3)通过法律赋予社会治理主体履行社会管理职能的合法性和合理性，保障社会治理体系的有效运行，并依法加强对社会治理主体权力和行为的监督。

9.2.4 环境新常态

由于过去超高速的经济增长造成了目前我国社会生态环境问题迭出，“雾霾天”、水污染、土壤污染、食品安全等社会生态环境恶化的表征不断常态化，环境的承载能力以达临界值。社会生态环境的恶化不仅降低了社会公众的生活质量和幸福指数，同时也使得地方政府的环境治理成本和环境治理的政治成本水涨船高。环境治理成本的不断攀升增加了地方政府的财政负担,引发了环境治理博弈中的不合作,带来的跨界污染弱化了某一区域的治理成效,使得环境治理的整体效果大打折扣(任丙强,2013);同时环境治理政治成本的增加不可避免地要消耗社会公众对政府的认同度和信任度以及政府的威望、凝聚力、影响力和动员力等政治资源,同时由于政治成本的不可再生性也使得损耗的政治成本很难在短期内得以修复。鉴于此,党的十八届三中全会通过的《中共中央关于全面深化改革若干重大问题的决定》中着力部署"必须建立系统完整的生态文明制度体系,实行最严格的源头保护制度、损害赔偿制度、责任追究制度,完善环境治理和生态修复制度,用制度保护生态环境",这一重大部署彰显了加快生态文明制度建设将成为环境治理领域的新常态。

9.2.5 文化新常态

伴随着中国社会经济的转型和世界经济全球化进程的加速,中国传统文化日渐消减,再加上西方文化与价值观的侵袭,文化多元化和文化真空现象并存,价值真空、价值堕距、价值混乱现象丛生是目前我国社会文化领域的发展现状。文化体系的缺失和主流价值理念的混乱使得我国社会的精神领域需要全面的信仰驱动。因此普及社会主义核心价值观、构建适应社会主义市场经济体制的社会文化价值体系、促进公民伦理自觉意识的形成将成为我国社会文化领域发展的新常态。中央办公厅印发的《关于培育和践行社会主义核心价值观的意见》从国家、社会和公民个人三个层面诠释了社会主义核心价值目标、价值取向和价值准则。富强、民主、文明、和谐形成了国家价值体系的内核,自由、平等、公正、法治反映了一个社会的价值理想,爱国、敬业、诚信、友善勾勒出社会公众应追求的理想精神家园。这种自上而下的文化价值体系已然涵盖了国家对自身、社会和社会公众的价值要求和道德期望,接下来的关键点是应以适应社会主义市场经济体制的社会文化价值体系为载体,加大宣传和教育的力度,将社会主义的核心价值观内化于社会群体和公众个人意识、外化于其行为表征之中。

9.3 新常态下公共管理的困境

蕴含于经济、政治、社会、文化和环境领域的新常态描绘出了未来我国全面深化改革的蓝图,然而我国公共管理领域的现实困境将成为制约改革有效推进的瓶颈,因此清醒地认识新常态下公共管理的困境是探寻实现伟大变革主要路径的重要前提。

9.3.1 治理体系与治理能力现代化的目标要求与现实状况之间的堕距

国家治理体系是一套关于国家权力的性质、组织、分配、运作等方面的基本规范制度,涉及政党体系、选举制度、立法机构、政府组织、司法体系、军队体系、政府—市场关系等方面(薛澜,2014)。国家治理能力意指治理主体在治理国家社会、政治、经济、文化事务过程中,为了保障国家治理战略目标的实现、社会利益分配的公正以及社会公共事务的协调有序而应该具备的依法、高效、公正、开放、民主、负责执政的能力(戴长征,2014)。实现治理体系和治理能力现代化就是要实现治理的法治化、民主化、透明化、科学化、制度化、协同化。目前，我国经济发展、政治稳定、社会和谐、文化繁荣，这表明我国国家的治理体系和治理能力是符合我国发展的行政生态环境的。总体看来是好的，但是对照实现治理体系和治理能力现代化的目标要求来看，还存在许多亟待改进的地方。例如，我国的治理体系中制度的法治化和民主化程度还有待提升，制度运行机制缺乏灵活性，治理主体结构不合理，网络化治理的实现还缺乏必要的制度基础，利益调节和分配机制的公平缺失，社会组织和社会公众参与治理的渠道和合法化问题依然存在；而在治理能力方面，由于在治理的视域框架内，政府、社会组织、市场主体和社会公众均被纳入治理主体的范畴，因此我国治理主体治理能力的不足不仅体现在各个治理主体自身建设落后、内部成员的能力与素质有待改进等方面，同时还体现在治理主体之间缺乏分工明确、权责合理的协同治理能力上。以上反映出我国治理体系和治理能力现代化的目标要求和现实状况还存在堕距，因此加快国家治理体系的革新，提高政府、社会组织、市场主体和社会公众的治理能力，是推进国家治理体系和治理能力现代化的一项重大课题。

9.3.2　公共管理技术的可行性与实践手段的单一性之间的困境

公共管理管理技术属于社会技术范畴，是公共管理者为实现一定的管理目标而创造、掌握、运用的各种工具性、实践性的知识体系的统称（苏曦凌，2012）。蕴含着现代治理理念的数字治理技术、智慧政务技术、应急管理技术、风险评估技术、科学决策技术和绩效治理技术等现代公共管理技术已经具有可行性并且由于其前沿性、规范性和可操作性的特点受到了各级政府的追捧。各地各级政府纷纷斥资上马各种政府管理技术创新成果推广和示范工程，耗费了大量的人力、物力和财力之后的结果是，相对于公共管理主体对现代管理技术的热衷度而言，这些管理技术在公共管理实践中实际发挥的作用却差强人意，这些管理技术和管理平台仅仅成为了政府政绩的衡量指标。公共管理主体在履行公共管理职能时并没有根据管理职能的需要和社会公众的意愿而采用相应的可以实现社会公共利益最大化的现代管理技术，而是从“方便性”“显政绩”“维稳定”等方面考虑，仍然采用传统保守、单一僵化的管理手段。上海“踩踏事件”、厦门“PX 事件”、香港奶粉限购令、延迟退休之争、城管暴力执法以及各级地方政府强制征地拆迁等社会危机事件暴露出各地政府均将科学有效的现代公共管理技术置于一边，反而采用简单粗暴的管理手段来履行社会管理职能，这将使得公众对政府公共管理的能力和手段产生质疑并引发社会信任危机和社会冲突。

9.3.3　公共管理者个体自觉与组织文化之间的困境

公共管理者的个体行为和意识会受到其所处组织的影响，组织文化和伦理价值体系的“染缸效应”会对身处其中的个体产生强烈的浸染作用。健康良性的组织文化体系会使“染缸效应”产生积极的裂变，促使公共管理者主动遵守法律的约束并自觉形成道德约束机制。相反，如果组织文化发育不良、价值体系严重缺失，那么处于组织内部的公共管理者个体极易产生道德困境，公共管理者个体的道德自觉体系也难以形成，从而会造成公共管理者罔顾法律和集体性道德意识的丧失，引发公共管理者伦理道德失范行为乃至集体性权力寻租行为。近期频频曝出的自下而上蔓延式和自上而下渗透相结合的公权腐败就是一个鲜明的例子。以高官为首形成的利益网络成为了腐败窝案频频发生的土壤和温床，组织文化“染缸效应”由于腐败官员的攻守同盟而发生消极裂变，公共权力变成了权力集团牟取私利的利器，致使公共权力的行使偏离了法律法规和伦理道德的要求而引起公共组织运行效率的降低和社会结构的异动。

9.3.4 基于顶层设计自上而下推动改革的上与下关系的困境

依法治国和推进国家治理体系和治理能力现代化是现阶段我国全面深化改革的顶层设计。为了系统推进这一顶层设计的实施，党中央推行了一系列自上而下、周密完善的改革措施，以“大部制”“转作风”、行政审批制度改革、理顺央地关系、完善基层民主制度、构建法治国家等为主要内容的系统部署彰显了我国政府改革的决心和意向。然而顶层设计框架下创新性改革政策自上而下快速高效的贯彻实施还取决于地方政府贯彻和落实改革部署的政策和制度的创新以及社会组织和社会公众合法合理参与社会治理的制度和机制的构建。事实上，我国政府推行的历次改革均重视中央改革政策在地方政府的贯彻执行，为此我国曾出台了许多鼓励地方政府改革的激励性措施，只是上述措施由于都缺乏法律性依据和制度性保障而影响了改革举措的稳定性和可持续性，浪费资源的同时严重挫伤了地方政府改革的积极性。与此同时，由于我国市民社会发展迟缓，社会组织和社会公众参与公共领域社会治理领域改革的话语体系和技术平台尚未完全形成并缺乏法律和制度的保障，因此治理理念中所强调的多元治理主体制度化、法治化和网络化的“跨界”合作以增进公共价值的协同合作机制是很难在我国特有的行政生态环境中有效运行的。自上而下的改革进程运行到社会基层治理层面就会由于基层治理制度的不健全而遭遇“肠梗阻”，改革难以一以贯之。构建基于顶层设计的自上而下推动总体改革目标落地的机制和路线图就变得十分迫切。

9.4 走出新常态下公共管理困境的策略与路径选择

9.4.1 持续提升公共管理主体的治理能力

公共管理主体治理能力的现代化水平不仅会对国家的治理效果和行政体制改革产生重大的影响，而且还会为其他们部门践行治理要求产生强大的社会示范效应，在推进国家治理能力体系现代化的进程中发挥着重要的作用。在治理的视域下，公共管理主体的范畴涵盖了政府、社会组织和公众，在不同的治理层面对不同的管理主体所要求具备的治理能力也有所不同。对于政府而言，政府能力的提升在政府组织机构和运行制度层面，需要全面深化行政体制改革、积极转变政府治理方式、优化政府治理结构、统筹社会各层的公共服务制度，努力探索和创新公共服务区域均等化的实现手段；同时对政府内部人员应通过完善绩效治理机制、人员选拔机制和激励机制、加强伦理道德和管理能力的培训等，提高政府内部工作人员的职业道德水平，强化工作人员的服务理念、回应意识、效能意识和依法行政意识，提高其识别和解决公共问题的能力。对于社会组织而言，提升其治理能力的关键是培育社会组织的力量,创新社会组织自治的方式,激发社会组织的活力,加强对社会组织的监督,有效带动社会组织在社会治理过程中的协同治理作用。除此之外,为了提升社会公众的治理能力,应高度重视社会公众现代化水平的提升。为此我国应着力完善社会主义民主制度,畅通民众参与国家治理的渠道,充分发挥人民群众当家做主的作用,通过加强全社会范围内的知识和文化价值体系教育,提高社会公众的民主意识、法治意识和参与国家治理的自觉意识和主体意识,促使社会公众自觉有序参与社会治理和进行自我管理。

9.4.2　着力加强现代公共管理技术手段的创新

数字治理技术、智慧政务技术、应急管理技术、风险评估技术、科学决策技术和绩效治理技术等现代公共管理技术的采用可以为国家治理体系和治理能力现代化的实现提供工具性保障,因此应加强现代公共管理技术的创新和使用。为此应革新政府管理的思维方式,提升公共部门管理主体的思维能力,引导公共管理主体自觉抛弃过去那些简单僵化的管理手段,有意识地采用富有创造性和实用性的现代公共管理技术,把移动互联网技术、物联网技术、GIS技术、公共危机预警技术等紧密结合,为公共部门的高效履职和管理创新提供技术支持。

9.4.3　积极构建顶层设计的落实机制

顶层设计落实机制的构建是破解自上而下改革困境的良策。具体而言,首要任务就是在顶层设计的指导下构建地方政府治理的法律制度框架和运行机制,赋予地方政府治理权限和自主选择治理模式的合法性,在法律的框架内充分包容地方政府创新治理模式的失败以确保改革的持续性,唯有如此方能充分发挥地方政府改革的积极性和追随性,实现地方治理现代化的同时提高国家治理体系和治理能力的有效程度。其次是构建创新型的社会治理体制,增强社会组织自治的合理性和合法性,为贯彻自上而下的改革举措提供制度性保证。创新型的社会治理体制应包括价值层面的治理理念和治理原则和操作层面的治理主体、治理方式、治理范畴、治理绩效,是一个兼具价值理性和工具理性的整体制度系统(姜晓萍,2014)。在建设法治社会的新常态下,创新社会治理体制的基本治理理念要遵从国家宪法和相关法律法规及其社会主义法治精神的要求,治理原则要以实现社会公众公共价值的创造为基准。治理主体要实现多元化,应将社会各领域各层次的社会组织纳入治理主体的范畴中,使政府和社会组织共同组成一个共同治理、共担责任的协同治理体制。治理方式应强调合作与协商,并由刚性的自上而下式的治理手段向柔性的网络化治理手段转变,构建网络化治理平台和治理机制。治理范畴必须明确化,该有政府履行社会管理职能的场域,政府绝不能缺位,同理该由政府和社会组织共同合作、协商治理的社会问题,政府独大和社会组织缺失都将影响到社会治理实现善治的目标。同时社会治理应有明确的治理绩效目标,并应强化对绩效目标的评估和评估结果的反馈,从而为切实提高社会治理效果找到现实的路径。

9.4.4　重塑公共管理核心伦理价值体系

传统终极价值的失效、现代规范价值和伦理制度的缺失使得功利价值追求泛滥于公共场域,公共管理主体对金钱、公权的顶礼膜拜,对公共利益的肆意践踏,对公众需求的视而不见引发了信任危机,甚至危及政府管理的合法性。重塑公共场域的伦理制度体系是解决公共管理组织文化“染缸”困境的必然选择,也是贯彻依法治国和以德治国相结合的治国理念的题中应有之义。在经济、政治、社会等新常态下,公共管理伦理制度体系应由三个层面组成。在国家意识形态层面应培育社会主义公共理性,构建社会主义核心价值观,倡导法治、民主、公平、公正;在制度层面应构建以宪法至上为要旨、以法律制度为陈词的公共管理伦理制度,将意识形态层面的价值导向和伦理要求落实到制度设计中;在行动层面应重建政治精英的“公仆德性”和社会公众的“公德意识”,通过加强伦理道德的宣讲和道德榜样的示范,在全社会范围内重构良性的价值秩序和以德治国的群众基础与价值基础。

参 考 文 献

[1] 陈振明. 公共管理学原理[M]. 北京:中国人民大学出版社,2000.

[2] 谭功荣. 西方公共行政学思想与流派[M]. 北京:北京大学出版社, 2008.

[3] 高慧军,孙娜. 公共管理舆论资源的特征与功能探析[J]. 北京行政学院学报,2010(1):30-34.

[4] 余敏江. 当代公共管理研究的法律之维[J]. 理论与现代化,2005(2):53-58.

[5] 孙勇,孙华斌. 公共管理理论流派综述与研究启示[J]. 商业时代,2011(1):82-83.

[6] 余敏江. 论公共管理价值生成的宪政基础[J]. 理论与改革,2004(6):17-21.

[7] 邹娜. 从西方新公共管理运动分析我国教育行政体制改革[J]. 高等农业教育,2006(3):87-89.

[8] 赵锦辉. 西方城市管理理论:起源、发展及其应用[J]. 渤海大学学报:哲学社会科学版,2008(5):112-117.

[9] 戴杨,蓝锐彬. 知识经济时代的企业人本管理[J]. 价值工程,2003(6):16-18.

[10]刘继云,孙绍荣. 行为科学理论研究综述[J]. 金融教学与研究,2005(5):36-37.

[11]周义程,孙学玉. 政治与行政二分法批判的批判[J]. 重庆社会科学,2005(9):88-91,117.

[12]邓伟志,钱海梅. 从新公共行政学到公共治理理论:当代西方公共行政理论研究的"范式"变化[J]. 上海第二工业大学学报,2005(4):1-9.

[13]王霄慨. 浅谈环境行政指导[J]. 大众商务,2009(2):33-34.

[14]杨平. 被低估的古德诺:重审古德诺行政学的历史地位[J]. 行政论坛,2009(2):4-7.

[15]陈振明. 从公共行政学、新公共行政学到公共管理学:西方政府管理研究领域的"范式"变化[J]. 政治学研究,1999(1):79-88.

[16]付海萍. 公共产品理论和市场化改革[J]. 西部财会,2005(1):18-19.

[17]鄯爱红,胡林英. 公共行政伦理的历史演进与时代价值[J]. 北京行政学院学报,2004(2):19-23.

[18]唐永亮. 浅议公共管理的渊源与流派[J]. 法制与社会,2007(5):784-785.

[19]顾建光. 现代公共管理学[M]. 上海:上海人民出版社,2005.

[20]顾丽梅. 新公共服务理论及其对我国公共服务改革之启示[J]. 南京社会科学,2005(1):38-45.

[21]王自力. 论和谐社会建设中的环境因素及对策[J]. 经济与社会发展,2006(7):175-178.

[22]鄞益奋. 网络治理:公共管理的新框架[J]. 公共管理学报,2007(1):89-96,126.

[23]青连斌. 加强和创新社会管理的几个问题[J]. 中共石家庄市委党校学报,2011(4):

12－15,36.

[24]尹文嘉. 后新公共管理的超越与限度[D]. 上海:上海交通大学,2012.

[25]褚添有, 潘秀珍. 统治・管理・服务: 公共管理范式转换及其意义[J]. 广西师范大学学报:哲学社会科学版,2008(1):16－20.

[26]肖文涛. 能力建设:现代地方政府面临的时代课题[J]. 理论探讨,2005(3):12－14.

[27]肖文涛. 转型期我国公共管理面临的十大挑战[J]. 东南学术,2005(3):19－30.

[28]于志勇,梁朋利. 服务型政府背景下政策问题的构建及实现路径[J]. 领导科学,2012(8):24－26.

[29]冯太学. 新公共管理与新公共服务:理论概述与比较研究[J]. 九江职业技术学院学报,2009(3):78－80.

[30]胡象明,唐波勇. 整体性治理:公共管理的新范式[J]. 华中师范大学学报:人文社会科学版,2010(1):11－15.

[31]王科. 论公民参与型公共管理模式及在中国的构建路径[D]. 长春:吉林大学,2010.

[32]方世南,齐立广. 风险社会:政府公共管理面临的全新课题[J]. 学习论坛,2009(8):41－44.

[33]刘少杰. 改革创新社会管理体制 化解风险型社会矛盾[J]. 科学社会主义,2010(3):18－21.

[34]陈宝胜. 公共管理模式嬗变中的价值理性和工具理性[J]. 江淮论坛,2009(4):73－78.

[35]朱纪华. 协同治理:新时期我国公共管理范式的创新与路径[J]. 上海市经济管理干部学院学报,2010(1):5－10.

[36]奉婷. 我国政务微博参与公共管理的作用机理和策略研究[D]. 南昌:南昌大学,2012.

[37]尹杰. 试论转型期我国政府职能的界定及创新[J]. 江西广播电视大学学报,2006(1):9－10.

[40]阮守武. 公共选择理论及其应用研究[D]. 合肥:中国科学技术大学,2007.

[41]蓝志勇,陈国权. 当代西方公共管理前沿理论述评[J]. 公共管理学报,2007(3):1－12,121.

[42]方福前. 公共选择理论——政治的经济学[M]. 北京:中国人民大学出版社,2000.

[43]刘华,孙阿妞. 委托代理理论的贡献与局限[J]. 广西财经学院学报,2006(6):73－75.

[44]王诗宗. 治理理论及其中国适用性:基于公共行政学的视角[D]. 杭州:浙江大学,2009.

[45]宋敏. 新公共行政学研究——兼及对我国行政改革的启示[D]. 济南:山东大学,2010.

[46]俞可平. 中国治理变迁30年(1978—2008)[M]. 北京:社会科学文献出版社,2008.

[47]蒋鲲. 公共管理中的"委托—代理":以亳州市谯城区"为民服务全程代理"为例[J]. 人民论坛,2011(29):78－80.

[48]RAINEY H G. On paradigms, progress, and prospects for public management[J]. Journal of Public Administration Research and Theory, 1994(1):41－48.

[49]THOMAS S K. The structure of scientific revolutions [M]. 2nd ed. Chicago: University of Chicago Press, 1970.

[50]托马斯·库恩.科学革命的结构[M].金吾伦,胡新和,译.北京:北京大学出版社,2003:157,163-168.
[51]蓝志勇,凯瑟琳·安德逊.当代公共管理研究的范式观:一项经验研究[J].公共管理学报,2005(3):12-22,92-93.
[52]马克斯·韦伯.韦伯作品集Ⅱ:经济与历史支配的类型[M].桂林:广西师范大学出版社,2004:332-333.
[54]马克思,恩格斯.马克思恩格斯选集:第4卷[M].北京:人民出版社,1995:165.
[55]罗伯特·A.达尔.公共行政科学:三个问题[M].北京:中共中央党校出版社,1997:156.
[56]SIMON H A. The proverbs of administration[J]. Public Administration Review, 1946(6):53-67.
[57]西蒙.管理行为[M].北京:北京经济学院出版社,2004.
[58]奥斯特罗姆.美国行政管理危机[M].北京:北京工业大学出版社,1994:93-94.
[59]陈振明.政策科学的"研究纲领"[J].中国社会科学,1997(4):48-61.
[60]陈振明.是政策科学,还是理政策分析?:政策研究领域的两种基本范式[J].政治学研究,1996(4):80-88.
[61]HOOD C. Contemporary public management:a new global paradigm[J]. Public Policy and Administration ,1995(2):104-117.
[62]欧文·E.休斯.公共管理导论[M].3版.张成福,王学栋,韩兆柱,等,译.北京 :中国人民大学出版社,2007.
[63]NARGESIAN A,ESFAHANI S A,RAJABZADEHC A. Quasi paradigmic view to the public administration evolution[J]. European Journal of Social Sciences,2010(2):75 .
[64]蔡立辉.论公共管理的基本范畴与功能目标[C]//公共管理研究 (1)"公共管理研究与教育" 国际学术研讨会论文集. 2001.
[65]蔡立辉.公共管理范式: 反思与批判[J].政治学研究, 2002(3): 76-86.
[66]杨舒文.公共治理理论对我国构建和谐社会的启示[J]. 现代交际, 2009 (8): 59-62.
[67]谢明.政策分析概论[M].北京: 中国人民大学出版社,2004.
[68]陈振明.公共政策学:政策分析的理论、方法和技术[M].北京: 中国人民大学出版社,2004.
[69]徐家良.公共政策:价值与途径的内在平衡[J].北京行政学院学报,2000(1):16-17.
[70]高兴武.公共政策评估:体系与过程[J].中国行政管理,2008(2):58-62.
[71]陈世香,王笑含.中国公共政策评估:回顾与展望[J].理论月刊,2009(9):135-138.
[72]陈捷, 王云萍. 公共政策评估的生产力标准初探[J].福建行政学院福建经济管理干部学院学报,2003(2):22-25,79.
[73]张润泽.形式、事实和价值: 公共政策评估标准的三个维度[J].湖南社会科学,2010(3):31-34.
[74]威廉·N.邓恩.公共政策分析导论[M].2版.北京:中国人民大学出版社,2001.

[75]马朝琦,雷晓康. 美国公共政策绩效评估方法及借鉴[J]. 西北农林科技大学学报:社会科学版,2006(5):80-84.
[76]負杰. 公共政策研究的理论与方法[M]. 郑州:河南人民出版社,2003.
[77]高雪莲. 政策评价方法论的研究进展及其争论[J]. 理论探讨,2009(5):139-142.
[78]李大宇,米加宁,徐磊. 公共政策仿真方法:原理、应用与前景[J]. 公共管理学报. 2011(4):8-20,122-123.
[79]李永刚. 公共政策评价的困境:价值理性和工具理性的两难[J]. 江西行政学院学报,1999(4):41-43.
[80]周德祥. 公共政策评估研究述评[J]. 宁夏党校学报,2008(2):62-65.
[81]李淑春. 医保全覆盖需要系统性安排[J]. 中国医疗保险,2013(12):35-37.
[82]张太海,董炳光,申曙光,等. 城镇职工基本医疗保险制度运行质量评价初论[J]. 中国卫生事业管理,2004(7):410-413.
[83]申曙光,彭浩然. 全民医保的实现路径:基于公平视角的思考[J]. 中国人民大学学报,2009(2):18-23.
[84]朱坤,张小娟. 不同管理体制下城乡居民基本医疗保险运行效果比较:来自苏州市的实证分析[J]. 中国卫生政策研究,2013 (2):8-13.
[85]张笑天,王保真. 医疗保险原理与方法[M]. 北京:中国人口出版社,1996.
[86]邹富良. 职工医疗保险制度改革试点回顾:镇江市七年职工医疗保险制度改革卫生经济学评估[J]. 江苏卫生事业管理,2002(6) :66-72.
[87]徐伟,罗雪燕. 江苏省城镇居民基本医疗保险筹资标准影响因素分析[J]. 中国卫生经济,2013(3):30-32.
[88]申曙光,瞿婷婷. 社会医疗保险基金收支风险评估研究:基于广东省 A 市的微观证据[J]. 华中师范大学学报:人文社会科学版,2012(6):47-55.
[89]孟德锋,张兵,王翌秋. 新型农村合作医疗对农民卫生服务利用影响的实证研究:以江苏省为例[J]. 经济评论,2009(3):69-76.
[90]胡宏伟. 城镇居民医疗保险对卫生服务利用的影响:政策效应与稳健性检验. 中南财经政法大学学报,2012(5):21-28,60.
[91]孟惠南. 第三方评估在我国政府绩效评估中的应用[J]. 领导科学,2012(23):60-61.
[92]徐双敏. 政府绩效管理中的“第三方评估”模式及其完善[J]中国行政管理,2011(1):28-32.
[93]戚涌,李千目. 科学研究绩效评价的理论与方法[M]. 北京:科学出版社, 2009.
[94]何植民. 农村最低生活保障政策评价指标体系的构建:基于群组决策分析模型的运用[J]. 中国行政管理,2013(11):113-118.
[95]卓越. 公共部门绩效评估[M]. 北京:中国人民大学出版社,2004.
[96]张康之. 公共管理伦理学:伦理研究的一个新领域[J]. 天津行政学院学报, 2004(1):23-27.
[97]靳凤林. 从传统行政伦理到现代公共管理伦理[J]. 道德与文明,2012(6):30-34.

[98]张康之.公共行政的伦理把握及其取向[J].中山大学学报:社会科学版,2006(5):94-99,143.
[99]阮青.价值哲学[M].北京:中共中央党校出版社,2004:149.
[100]特里·L.库珀.行政伦理学:实现行政责任的途径[M].4版.张秀琴,译.北京:中国人民大学出版社,2001:144-146.
[101]郑乐平.超越现代主义和后现代主义:论新的社会理论空间之建构[M].上海:上海教育出版社,2003:99.
[102]BOURDIEU P. The logic of practice [M]. Cambridge: Polity Press, 1990:53.
[103]李全生.布迪厄场域理论简析[J].烟台大学学报:哲学社会科学版,2002(2):146-150.
[104]DENHARDT R B, DENHARDT J V. The new public service:serving rather than steering [J]. Public Administration Review,2000 (6) :549-559 .
[105]CRAFT J,HOWLETT M. The dual dynamics of policy advisory systems:the impact of externalization and politicization on policy advice[J]. Policy and Society, 2013(3):187-197.
[106]LIU DAWEI. Models on web-based information gap between e-goverment and citizens[J]. Computing, Control and Management, 2008:156-160.
[107]NGOK Kinglun . The recent social policy expansion and its implications for Inter-governmental financial relations in China[J]. Australian Journal of Public Administration,2013(3):344-358.
[108]HOWLETT M,MIGONE A. The permanence of temporary services:the reliance of Canadian federal departments on policy and management consultants[J]. Canadian Public Administration ,2013(3):369-390.
[109]陈庆云.公共管理基本模式初探[J].中国行政管理,2000(8):31-33.
[110]刘育英.工信部谈应对雾霾天 六措施降低工业排放[EB/OL].[2013-1-23]http://www.chinanews.com/cj/2013/01-23/4514758.shtml.
[111]王岁楼.食品质量与安全专业食品添加剂课程教学内容与方法的探讨[J].农产品加工:学刊.2014(2):80-82.
[112]巩建华.服务型政府的思想基础、内涵特征和建设对策[J].行政论坛.2009(1):6-9.
[113]李军鹏.行政管理体制改革理论与实践的九大热点问题[N].学习时报,2007-11-6.
[114]马梦砚.乌鲁木齐市加快推进服务型政府建设的实践及今后发展思路的基本框架与政策研究[C]//"建设服务型政府的理论与实践"研讨会暨中国行政管理学会2008年年会论文集,2008.
[115]国家行政学院课题组.关于公共服务体系和服务型政府建设的几个问题(下)[J].国家行政学院学报,2008(5):17-23.
[116]王伟,张靖.2012年CNKI服务型政府研究综述[J].中国行政管理.2013(5):113-117.
[117]张再生,张红.基层社会管理创新:模式、路径与对策[J].理论探讨,2013(6):144-148.

[118]王乐夫，蔡立辉. 公共管理学[M]. 北京:中国人民大学出版社，2008.
[119]陈振明. 公共管理学[M]. 北京:中国人民大学出版社，2005.
[120]石国亮. 中国社会组织成长困境分析及启示:基于文化、资源与制度的视角[J]. 社会科学研究,2011(5):64-69.
[121]王名,孙伟林. 我国社会组织发展的趋势和特点[J]. 中国非营利评论，2010(1):1-23.
[122]龚维斌. 我国社会管理体制存在的主要问题[J]. 理论视野，2010(1):46-48.
[123]鲁可荣. 城乡基层社会组织发展管理中存在的问题分析与政策建议[J]. 武汉科技大学学报:社会科学版，2012(3):281-285.
[124]王名,李长文. 中国 NGO 能力建设:现状、问题及对策[J]. 中国非营利评论,2012(2):149-169.
[125]孙伟林. 我国社会组织的发展现状、问题与建议[J]. 中国党政干部论坛,2009(8):33-35.
[126]王劲颖. 社会组织问责与评估[J]. 社团管理研究,2008(8):11-13.
[127]朱冠錤. 我国 NGO 发展现状及路径选择[J]. 国家行政学院学报,2008(1):89-91.
[128]王名,贾西津. 中国 NGO 的发展分析[J]. 管理世界,2002(8):30-43,154-155.
[129]孙德厚. 试论社会管理创新中的企业社会责任[J]. 行政与法,2012(8):37-41.
[130]宋林飞. 建立社会管理体系的难点和突破[J]. 社会科学研究，2012(6):95-100.
[131]张再生,王鑫,吴云青. 社会管理创新的系统模式构建研究[J]. 天津大学学报:社会科学版，2014(1):36-40.
[132]张再生,吴云青. 公民参与社会管理创新的机制与对策研究[J]. 理论探讨,2012(5):137-140.
[133]魏礼群. 社会管理创新案例选编[M]. 北京:人民出版社，2011.
[134]王乐夫. 中国基层纵横涵义与基层管理制度类型浅析[J]. 中山大学学报:社会科学版,2002(1):122-127.
[135]范思立. 社会管理创新:天津滨海新区改革新翼[N]. 中国经济时报,2011-8-12(18).
[136]张领珍,贾丽云,王东波. 石家庄市“两新”组织党建机制与特点的探索与思考[J]. 河北青年管理干部学院学报,2006(2):86-88.
[137]黄顺. 深圳社会管理创新成效彰显[N]. 深圳商报,2010-6-25(6).
[138]毛军吉. 构建有深圳特色的网络化社会管理体系[J]. 特区实践与理论,2012(3):40-43.
[140]杨和焰. 公共管理视域中的第三部门:功能、优势及困境[J]. 公共管理学报,2004(3):50-54,94.
[141]龚维斌. 基层社会管理创新的探索与思考[J]. 国家行政学院学报，2012(3):35-40.
[142]高中建,何晓丽. 文化在社会管理创新中的功能探微[J]. 人民论坛:中旬刊，2012(26):18-19.
[143]蔡德贵. 东方文化及其发展趋势研究[J]. 中山大学学报:社会科学版，1998(6):26-34.

[144]林娜. 中日美三国企业管理差异的社会文化渊源[J]. 管理世界,1986(6): 102 - 111.
[145]伍华佳,苏涛. 基于东方管理文化的中国企业文化评价维度的构建[J]. 经济与管理研究, 2009(7): 80 - 85.
[146]蒋升阳. 小区没物业,为啥仍有序[N]. 人民日报, 2014 - 5 - 7(3).
[147]罗明,肖敏. 他山之石:公众参与社会管理的国际经验与启示[J]. 北京青年政治学院学报,2012(1):81 - 86.
[148]杨军剑. 公众参与社会管理的问题和对策[J]. 社科纵横,2008(6):36 - 38.
[149]杨采琴. 论公众参与社会管理的困境[J]. 求索,2012(1):73 - 75.
[150]惠新宇,何亮坤. 互联网环境下公众参与社会管理创新研究[J]. 电子政务,2011(9): 48 - 54.
[151]邓桂兰,周云华. 健全公众参与社会管理决策机制的思考[J]. 湖南社会科学,2012(1):105 - 108.
[152]刘红叶. 治理视野下公众参与社会管理的途径探索[J]. 前沿,2012(7):115 - 117.
[153]程琥. 公众参与社会管理机制研究[J]. 法学杂志,2011(S1):27 - 32.
[154]应松年. 社会管理创新引论[J]. 法学论坛,2010(6):5 - 9.
[155]曾国平,王福波. 论公民参与视角下我国公共决策机制的完善[J]. 云南社会科学, 2008(3):27 - 30.
[156]梁晓平. 提高公众参与度　完善公共政策的形成机制[J]. 行政与法,2008(7): 15 - 17.
[157]葛景富. 关于利益诉求表达机制的若干问题[J]. 商业经济,2010(13):125 - 127.
[158]李伟权. 简论政府公共决策回应机制建设[J]. 学术论坛,2002(4):39 - 42.
[159]蔡小慎,卢鹏展. 试论城市治理主体的多元化[J]. 前沿,2007(10):202 - 204.
[160]加布里埃尔·A·阿尔蒙德,西德尼·维巴. 公民文化:五个国家的政治态度和民主制度. 徐湘林,等,译. 北京:东方出版社,2008.
[161]王彩梅. 论我国公众参与机制的建设[J]. 理论界,2006(4):49 - 51.
[162]黄益平. 下一个十年的改革与增长[N]. 金融时报,2012 - 12 - 4.
[163]管清友,朱振鑫. 经济新常态更需政策平常心[J]. 中国金融,2014(14):38 - 39.
[164]任丙强. 生态文明建设视角下的环境治理:问题、挑战与对策[J]. 政治学研究,2013(5):64 - 70.
[165]中共中央办公厅. 关于培育和践行社会主义核心价值观的意见[M]. 北京:人民出版社,2013.
[166]薛澜. 顶层设计与泥泞前行:中国国家治理现代化之路[J]. 公共管理学报,2014(4): 1 - 6,139.
[167]戴长征. 中国国家治理体系与治理能力建设初探[J]. 中国行政管理,2014(1):10 - 11.
[168]苏曦凌. 行政技术论[J]. 内蒙古社会科学:汉文版,2012(5):11 - 15.
[169]姜晓萍. 国家治理现代化进程中的社会治理体制创新[J]. 中国行政管理,2014(2):24 - 28.
[170]张再生. 西方公共管理伦理的嬗变与启示[J]. 行政论坛,2014(5):96 - 100.

[171]张再生,刘明瑶. 基于资源基础理论的公共部门人力资源管理变革研究[J]. 行政论坛,2015(2):69－73.

[172]张再生,李祥飞. 公共部门人力资源管理的理论与实践前沿问题探讨[J]. 中国行政管理,2012(9):79－82.

[173]张再生,徐爱好. 医疗保险制度评价指标体系构建及其应用研究:以天津市城乡居民医疗保险制度为例[J]. 2015(1):99－103.

[174]张再生,白彬. 新常态下的公共管理:困境与出路[J]. 中国行政管理,2015(3):38－42.

[175]张再生,牛晓东. 东方文化的城市社区关系型治理模式与机制研究[J]. 天津大学学报:社会科学版,2015(1):16－21.

[176]张再生,牛晓东. 中国基层社会治理机制与模式研究[J]. 公共管理与政策评论,2015(1):7－13.

后　　记

本书是作者十几年来研究公共管理理论和实践的成果总结，也得益于天津大学对公共管理专业学科建设的支持和帮助。书中的观点和内容主要来源于作者对公共管理理论前沿和实践运行的研究和探讨，同时在为公共管理专业博士生授课过程中学生们就相关问题展开的头脑风暴式的讨论也为本书内容的形成注入了具有创新性的观点。

在本书的写作过程中，我的博士生白彬、牛晓东、徐爱好、刘刚做了大量的工作，在此对他们表示感谢。同时在作者为天津大学管理与经济学部公共管理专业的博士生讲授"公共管理学科前沿"这门课时，公共管理专业2012级博士生牛晓东、樊兴菊、沈萌、李娟、陈奎明以及公共管理专业2013级博士生靳祥峰、刘坤、臧文娟、陈艺丹、蔡笑天、霍亚松等同学提供了许多有价值的素材和观点，对这些同学表示感谢。

由于时间和能力所限，本书还有很多不足和有待完善的地方，恳请同人批评指正，书稿写作过程中参阅了大量同行的成果，在此表示感谢；本书出版过程中得到了天津大学出版社编辑杨瑜女士的大力支持，谢谢杨编辑为本书出版付出的辛勤努力。

张再生

2015年3月